AF452750

CATALOGUE

D'UNE

Collection de Monnaies Romaines

DÉLAISSÉES PAR FEU LE

Dr. Jonkheer J. P. SIX

DE

Médailles historiques, Monnaies du Moyen-age et des temps modernes, Série fort intéressante de monnaies des PAYS-BAS délaissées par feu Mme HAMMING-WIERDSMA et autres

dont la vente aura lieu à

LA HAYE

dans la salle du cercle

„DE KUNSTKRING" Heerengracht 13

le 14 Mai 1900 et jours suivants.

Sous la direction de l'Expert J. SCHULMAN à Amersfoort.

JOUR D'INSPECTION

Lundi 14 Mai de 10 heures du matin à 4 heures d'après midi.

Ordre des vacations.

Lundi le 14 Mai, le soir à 7 heures précises
le n. 1 jusqu'au n. 394. Romaines.
Mardi le 15 Mai, le matin à 10 heures précises
le n. 395 jusqu'au n. 904. Romaines.
le soir à 7 heures précises
„ „ 904 jusqu'au n. 966 byzantines.
„ „ 967   „   „ 1218 médailles
historiques.
Mercredi le 16 Mai, le matin à 10 heures précices
le n. 1218 jusqu'au 1247 médailles historiques.
„ 1248   „   1281   „   des églises.
„ 1282   „   1298   „   des chemins
de fer.
„ 1299   „   1320   „   maçonniques.
„ 1321   „   1435   „   des médecins etc.
„ 1436   „   1565 mériaux.
„ 1436   „   1623 monnaies.
„ 1624   „   1740 suite des monnaies.
„ 1741   „   1887 Monnaies des Pays-Bas
le soir à 7 heures précises.

Jeudi le 17 Mai, le matin à 10 heures précises
Le n. 1888 jusqu'au n. 2053 Suite des monnaies
des Pays-Bas.
„ 2054 jusqu'à le fin. Livres numismatiques.

Conditions de la Vente.

La vente aura lieu au comptant en florins et cents des Pays-Bas.

Les acquéreurs payeront 10 % en sus des enchères, comme cela est de coutume en Hollande.

L'expert se charge gratuitement des ordres qu'on voudra bien lui confier.

La conservation des pièces est rigoureusement indiqueé par **F.d.c.** fleur de coin, **t.b.c.** très bien conservé, **b.c.** bien conservé et **a.b.c.** assez bien conservé.

Après l'adjudication aucune réclamation ne sera admise.

N.B. On commencera Jeudi le 17 Mai le soir à 7 heures avec le numéro 1624.

MONNAIES ROMAINES. I. Consulaires.

Notices d'après E. Babelon. Description historique des Monnaies
de la république romaine.

1 **Accoleia.** Denier P . ACCOLEIVS LARISCOLVS. Buste d'Acca
Larentia à dr. Babelon 1. b.c.

2 **Aelia.** P. B. LAMIA SILIVS ANNIVS patine verte. Babelon 8. Beau.

3 **Aemilia.** Denier à la tête voilée de la Concorde. Babelon 10. t.b.c.

4 Denier de L. Aemilius Buca L . BVCA. Tête diadémée de Vénus
à dr. Rev. Endymion dormant, au-dessus l'Amour, à dr. Diane.
Babelon 12 frs. 100. b.c. Rare.

5 **Annia.** P. B. ANNIVS LAMIA SILIVS. Babelon 8. t.b.c.

6 **Antonia.** Denier restitué par Marc Aurèle et Lucius Vérus. ANTO-
NIVS ET VERVS AVG REST. Babelon II, p. 587 n. 56. b.c.

7 Denier. Tête nue de Marc Antoine à dr. Rev. Tête radiée du soleil
à dr. Babelon 28 et 29. Ar. 2 ps.

8 Denier. Tête nue de Marc Ant. à dr. Rev. Tête radiée du soleil
dans un temple. Babelon 34. et PIETAS COS. Bab. 46. 2 ps. b.c. et a.b.c.

9 Denier. Tête nue de Marc Antoine à dr. Rev. Tête nue d'Octave
à dr. Babelon 51. Ar. t.b.c.

10 Denier. M . ANTON . IMP . AVG . III VIR . R . P . C. Lituus et
praefericulum. Rev. L . PLANCVS PRO COS foudre ailé, praefericulum et caducée. Babelon n. 59. frs. 50. a.b.c.

11 Denier. M : SILANVS AVG . Q . PRO COS en deux lignes.
Babelon 97. b.c.

12 Denier. LEG VIII. Babelon 114 et Quinaire. Bab. 32. a.b.c. 2 ps.

13 **Aquillia.** Denier. L . AQVILLIVS FLORVS III VIR. Buste casqué
de la Valeur à dr. Rev. Auguste dans un bige d'éléphants. Babelon 12. Ar. b.c.

14 **Asinia.** M. Br. C : ASINIVS . GALLVS III VIR A . A . A . F . F . S . C.
Babelon 2. b.c.

15 **Autronia**. Denier. Tête de la déesse Rome à dr. derrière X. Rev.
AVTR en monogramme, ROMA. Les Dioscures à cheval, galopant
à dr. Bab. 3 fr. 80. Rare, t b.c.

16 **Baebia**. Denier. Bab. 12 b.c. **Caecilia**. Denier. Bab. 21. b.c. 2 ps.

17 **Caecilia**. Denier. L . METEL A ALB . S . F. Tête laurée d'Apollon
à dr. Bab. 45. t.b.c.

18 **Calpurnia**. Denier. Tête laurée d'Apollon à dr. derrière une marque
mon: rev. L . PISO . FRVGI . Cavalier au galop à dr. Bab. 11. t.b.c.

19 — Même pièce avec L . PISO . FRVG . XXXXV. t.b.c.

20 -- Même pièce avec L . PISO FRVG XXXXVIII. Ar. t.b.c.

21 Quinaire. Victoire entre L . PI—SO dessous FRVGI. b.c.

22 **Carisia**. Denier. MONETA. Tête de Junon Moneta à dr. Bab. 1. b.c.

23 **Cassia**. Denier. Tête de Liber à dr. Rev. L . CASSI . Q . F. Tête
de Libera à g. Bab. 6. b.c.

24 Aureus. C . CASSI IMP . LEIBERTAS. Tête de la Liberté à dr.
Rev. LENTVLVS SPINT. Praefericulum et lituus. Babelon 15 frs.
300. Or. b.c. Rare.

25 Denier. Bab. 16. a.b.c.

26 Aureus. C . CASSI . IMP. Tête laurée de la Liberté à dr. Rev.
M . SERVILIVS LEG. Acrostolium. Bab. 20 frs 300. Or. t.b.c. Rare.

27 **Claudia**. Denier. Bab. 1. b.c. Denier. P . CLODIVS M . F. Bab.
15. b.c. 2 ps.

28 Denier. P CLODIVS M F. Bab. 15. t.b.c.

29 Denier. VESTALIS. Bab. 13 (fr. 6). b.c. P CLODIVS M F. Bab.
15. b.c. 3 ps.

30 Aureus. Tête radiée du soleil à dr. derrière un carquois. Rev.
P . CLODIVS M . F. Croissant lunaire entouré d'étoiles. Babelon
16, fr. 200. Or. Beau.

31 — Même pièce en argent. Bab. 17. b.c.

32 **Cloulia**. Denier. T . CLOVLI. Bab. 1. Beau et Quinaire. Bab. 2. a.b c.
Coelia. Denier. Bab. 2. b.c. 3 ps.

33 **Considia**. Quinaire. PAETI. Bab. 8 fr. 25. a.b.c.

34 **Cordia**. Denier aux têtes accolées des Dioscures. Bab. 1. t.b.c.

35 Denier, les têtes des Dioscures laurées. Bab. 2. t.b.c.

36 Denier. Cupidon sur un dauphin. Bab. 3 a.b.c. **Porcia**. Denier.
Bab. 4. Ar. 2 ps.

37 **Cornelia**. Denier à la tête de Scipion l'Africain. Bab. 19. b.c.

38 Denier au buste de Mars. Bab. 50. 2 ps. b.c.

39 Quinaire à la tête de Jupiter. Bab. 51. t.b.c.

40 Même pièce. Bab. 51. b.c. 2 ps. Denier. Bab. 54. a.b.c. 3 ps.

41 Denier. Q . S . C. Tête nue et barbue d'Hercule à dr. Rev.
P . LENT . P . F . L . N. La Génie du peuple romain. Bab. 58.
fr. 40. b.c.

42 Denier. Globe entourée de quatre couronnes de fleurs. Bab. 62. b.c.

43 Denier à la tête de la Liberté. Bab. 73. b.c.

44 **Crepusia**. Denier. P . CREPVSI. Bab. 1. b.c.

45 **Critonia**. Bab 1 (fourré) a.b.c. **Cupienna**. Denier. Bab. 1. b.c. 2 ps·

46 **Domitia**. Denier de Cn Domitius Calvinus fr. à **Osca** en Espagne. Bab. p. 457. a.b.c. Rare.

47 Denier AHENOBAR. Tête nue d'Ahenobarbus à dr. Rev. CN . DOMITIVS IMP Proue de navire surmontée d'un trophée. Bab. 21. Ar. b.c.

48 **Egnatuleia**. Quinaire. C . EGNATVLEI . C . F. Bab. 1. t.b.c.

49 **Fannia**. Denier. Bab. 1. Beau. **Furia** Denier à la chaise curule. Bab. 19. b.c. 3 ps.

50 **Gargilia**. Denier. Bab. 1, fr. 50. la légende presque illisible. b.c.

51 — Denier. Bab. 3. fr. 50. Ar. b.c.

52 **Hosidia**. Denier. Bab. 2. a.b.c. **Hostilia**. Denier. Bab. 2. b.c. et Bab· 4. t.b.c. et b.c. 4 ps.

53 **Julia**. Denier à la tête de Vénus. Rev. Anchise. Bab. 10. t.b.c.

54 Denier. C . CAESAR IMP . COS ITER. Tête de Vénus à dr. Rev A ALLIENVS PRO . COS. Trinacre nu debout, incliné à g. Bab 14. t.b.c. rare.

55 Denier à la tête de la Piété à dr. Rev. Trophée. Bab. 26. Beau.

56 Denier CAESAR DICT . PERPETVO. Tête laurée de Jules César à dr. Rev. L . BVCA. Vénus assise à dr. Bab. 36. t.b.c.

57 Denier AVGVR PONTIF. Tête de Jupiter Ammon à dr. Rev. IMP CAESAR DIVIF. Victoire debout sur un globe. Bab. 141 (fr. 120). rare. a.b.c.

58 Quinaire ASIA RECEPTA. Bab. 145 b.c.

59 Denier. Tête nue d'Octave à dr. Rev. IMP . CAESAR. Terme ithyphalique. Bab. 153 et Denier. Victoire sur une proue. Bab. 154. 2 ps. a.b.c.

60 Denier. Tête laurée d'Apollon à dr. Rev. IMP CAESAR. Pontife conduisant deux boeufs. Bab. 156. t.b.c.

61 Denier. Tête d'Octave à dr. Rev. Temple. Bab. 161. b.c.

62 Denier. IO . M . S . P . Q . R . V . S . PR . S . IMP . CAE QVOD PER . EV . R . P . IN . AMP . ATQ . TRAN . S . E en sept lignes. Rev. L . MESCINIVS RVFVS . III . VIR. Cippe sur lequel IMP . CAES . AVGV . COMM . CONS, dans le champ S. C. Bab. 274 (frs. 120). t b.c. rare.

63 **Junia**. Denier PIETAS. Tête de la Piété à dr. Rev. ALBINVS BRVTI F. Deux mains jointes tenant un caducée. Bab. 25. Beau.

64 Denier. Tête casquée de Mars à dr. Rev. ALBINVS BRVTI . F. Deux carnyx en sautoir. Bab 96. var. (ALBINI). Beau.

65 Denier ALBINV BRVTI F. Bab. 26. b.c.

66 Denier C . PANSA. Masque de Pan à dr. Bab. 27. b.c.

67 Denier à la tête de la Liberté à dr. Bab. 31. a.b.c. Quinaire. Bab 33. t.b.c. 2 ps.

68 Quinaire. Bab. 33. b.c. 3 ps.

69 Denier LEIBERTAS. Tête de la Liberté à dr. Rev. CAEPIO
    BRVTVS (PRO COS) Bab. 34. b.c.

70 Denier BRVTVS Hache etc. Rev. LENTVLVS SPINT. Praefericu-
    lum et lituus. Bab. 41. et COSTA LEG. Tête de la Liberté à dr.
    Rev. BRVTVS IMP. Trophée. Bab. 42. 2 ps. a.b.c.

71 **Licinia.** Denier AVGVSTVS TR POT. Auguste à cheval à dr. Rev.
    P . STOLO . III . VIR. Bonnet de flamine entre deux boucliers.
    Bab. 29. t.b.c. rare.

72 **Livineia.** Denier. C . CAESAR III VIR R . P . C. Tête nue
    d'Octave à dr. Rev. L . LIVINEIVS REGVLVS. Victoire marchant
    à dr. Bab. 4. t.b.c.

73 Denier à la tête de L. Livineius Regulus à dr. Rev. Chaise curule.
    Bab. 8. a.b.c.

74 Denier. Tête nue de L. Livineius Regulus à dr. Rev. Modius entre
    deux épis. Bab. 13. t.b.c.

75 **Lucretia.** Denier Bab. 1. b.c. **Maenia.** Denier. Bab. 7. t.b.c. **Mallia.**
    Denier. Bab. 1. b.c. 3 ps.

76 **Maecilia.** Victoriat. Tête laurée de Jupiter à dr. Rev. CROT. Vic-
    toire couronnant un trophée. Bab. 1. a.b.c. fort rare.

77 **Manlia.** Denier. L . MANLI . PROQ. Bab. 3. t.b.c.

78 **Matiena.** Denier. Bab. 2. a.b.c. Qninaire. Cohen pl. XXVII, 2.
    t.b.c. 2 ps.

79 **Memmia.** Denier. Bab. 1. **Minucia.** Denier. Bab. 9. **Nonia.** Denier.
    Bab. 1. 3 ps. b.c.

80 **Minucia.** Denier. Bab. 9. Beau et **Postumia.** Denier. Bab. 8.
    t.b.c. 3 ps.

81 **Munatia.** Aureus. C . CAES . DIC . TER. Buste ailé de la Victoire
    à dr. Rev. L . PLANC PR . VRB. Praefericulum. Bab. 1. Or. t b.c.

82 **Mussidia.** Denier. CONCORDIA. Tête de la Concorde. Bab. 6. t.b.c·
    et tête radiée du Soleil. Bab. 7. a b.c. 2 ps.

83 **Norbana.** Aureus. Buste de l'Afrique à dr. coiffé d'une tête d'élé-
    phant. Rev. L . CESTIVS en haut, C . NORBA à l'exergue. Chaise
    curule sur laquelle un casque, dans le champ à dr. PR. à g. S. C.
    Bab. 3. Or. Beau. Rare.

84 Aureus. C NORBANVS L CESTIVS PR. Buste de Vénus à dr.
    Rev. S . C. Cybèle sur un char trainé par deux lions. Bab. 5.
    Or. b.c. rare.

85 **Ogulnia.** Denier. Tête d'Apollon à dr. Rev. OGVL . GAR . VER.
    Jupiter dans un quadrige dans le champ V. Bab. 1. t.b.c. rare.

86 **Papia.** Denier. Tête de Junon à dr. Rev. L . PAPIVS CELSVS III
    VIR. Louve à dr. Bab. 2. t.b.c.

87 **Petillia.** Denier CAPITOLINVS. Tête de Jupiter à dr. Rev. PETIL-
    LIVS. Temple. Bab 1. t.b.c.

88 Denier à l'aigle éployé. Bab. 2 et 3. 2 ps.

89 Denier à l'aigle éployé. Bab. 3. t.b.c.

90 **Petronia.** Denier au guerrier parthe à genoux. Bab. 9. t.b.c.
91 Denier. Même type. Bab. 10. t.b.c.
92 **Plaetoria.** Denier CESTIANVS. Tête tourelée de Cybèle. Rev. Chaise curule. Bab. 3 b.c.
93 Denier. CESTIANVS S . C. Buste de la déesse Vacana. Rev. Aigle éployé. Bab. 3. t.b.c.
94 Denier. M . PLAETORI CEST EX . S . C. Caducée. Bab. 6. b.c.
95 Denier. Buste de femme à dr. Rev. M . PLAETORI CEST . S . C. Buste de la déesse Sors de face. Bab. 10. t.b.c.
96 **Plancia.** Denier au bouquetin. Bab. 1. **Plautia.** Denier à la masque. Bab. 14. 2 ps. a.b.c.
97 **Plautia.** Denier M . SCAVR. Le roi Aretas à genoux près d'un chameau. Bab. 10. t.b.c.
98 Denier. P . YPSAE S . C. Tête de Leuconoë à dr. Bab. 12. t b.c.
99 M.B. au buste d'Octave Auguste à dr. Bab. 22. b.c.
100 **Plutia.** Denier C . PLVTI ROMA Bab. 1 Beau.
101 — Même pièce, t.b.c.
102 **Pompeia** Denier. SEX MAGN . IMP SAL Tête nue de Pompée à dr. Rev. PIETAS La Piété debout à g. Bab. 18 (f 120) b.c. fort rare.
103 Denier MAG . PIVS . IMP . ITER Tête de Neptune à dr. Rev. PRAEF CLAS . ET . ORÆ MARIT EX S.C. Trophée naval. Bab. 21 b.c. Rare.
104 Denier MAG . PIVS IMP . ITER. Le phare de Messine. Rev. PRAEF . CLAS . ET . ORAE MARIT EX S.C. Le monstre Scylla Bab. 22 a.b.c. Rare.
105 **Porcia.** Denier Bab. 1. b.c. et Denier Bab. 4 b.c. 2 ps.
106 **Poblicia** Denier à la tête de Mars. Rev. C . MAL. Bab. 6 b.c.
107 **Postumia.** Denier Bab. 1 b.c. 2 ps. Denier ALBINVS BRVTI . F Bab. 13, a.b.c.
108 Denier PIETAS Tête de la Piété à dr. Rev. ALBINVS BRVTI . F Deux mains jointes tenant un caducée Bab. 10 t.b.c.
109 **Procilia** Denier Babelon 1 et 2 b.c. 2 ps.
110 **Quinctia.** Denier Buste d'Hercule à g. Rev. TI . Q . Cavalier conduisant deux chevaux Bab. 6 t.b.e.
111 **Renia.** Denier Bab. 1 t.b.c. **Rubria.** Denier Bab. 1. t.b.c. 2 ps.
112 **Rustia** Denier aux deux bustes de femmes accolés à dr. Bab. 3 t.b.c.
113 **Scribonia.** Denier à la tête de Bonus Eventus Bab. 8. t.b.c. **Sergia** Denier Bab. 1 b.c. 2 ps.
114 **Sepullia.** Denier P . SEPVLLIVS MACER Cavalier. Babelon 7 a.b.c. Rare.
115 **Servilia** Quinaire L . SESTI PRO . Q Table Rev. Q . CAEPIO BRVTVS PRO COS Trépied. Bab. 26 a.b.c. Rare.
116 **Tituria.** Denier Bab. 4 et 6 2ps. a.b.c.
117 **Thoria.** Denier au taureau furieux, dans le champ A Bab. 1 t.b.c.

118   **Valeria.** Denier Bab. 7 t.b.c. Denier Bab. 11 b.c. Ar. 2 ps.

119   Denier. Tête d'Apollon à dr. Rev. L . VALERIVS Sirène à corps d'aigle Bab. 18 b.c.

120   P. Br. L . VALERIVS CATVLLVS S . C . Bab. 33 t.b.c.

121   **Vergilia.** Denier OGVL CGR . VER Bab. 5 (fr. 50) t.b.c. Rare.

122   **Vibia.** Denier Bab. 2. 2 ps. t.b.c.

123   As Bab. 11. a.b.c.

124   Denier Bab. 18 au Jupiter assis sur son trône t.b.c.

125   Denier LIBERTATIS Tête de la Liberté à dr. Rev. La déesse Rome assise sur un monceau de bouclier Bab. 20 t.b.c.

126   Denier Tête d'Hercule à dr. Rev. C . VIBIVS VARVS Pallas debout Bab. 23 t.b.c.

127   Denier à la tête casquée de Pallas à dr. Rev. C. VIBIVS VARVS Hercule nu debout à g. Bab. 26 t.b.c.

128   Aureus. Tête laurée de Vénus à dr. Rev. C . VIBIVS VARVS Vénus à demi nue vue de dos, debout près d'une colonne Bab. 27 Or. Beau Rare.

129   Denier. Tête nue et barbue d'Octave à dr. Rev. C . VIBIVS VARVS . Vénus debout à gauche tenant une Victoire sur la main droite et une corne d'abondance de la gauche. Bab. 31 (fr. 200) fort rare b.c.

130   **Volteia.** Denier Bab. 1 (ébréché) Beau. Bab. 3 (2 ps) b.c. 3 ps.

131   Lot d'Asses Semisses, Trientes. Quadrantes Sextantes de la république romaine. Série fort intéressante 29 pièces.

132   Lot intéressant de deniers et quinaires consulaires Ar. 13 ps.

133   **Aes grave.** Cheval galoppant à g. Revers Roue. Diamètre Mm. 53.

134   Protome de cheval à g. Rev. Tête de cheval à dr. Dessous trois globules Mm. 54.

135   Tête de cheval à g. Rev. Tête de cheval à dr. Mm. 49.

MONNAIES ROMAINES II Empire.

Notices d'après H. Cohen. Description historique des médailles impériales 1ere édition.

136   **Jules César.** Denier CAESAR IM . P . M , Sa tête laurée à dr. derrière un croissant. Rev. L . AEMILIVS BVCA Vénus debout à.g. Cohen I n. 24. Ar. t.b.c.

137   — Tête laurée de Jules César à dr. Rev. L . MVSSIDIVS LONGVS Gouvernail etc. Coh. 31 Ar. b.c.

138   — Denier CAESAR IMP Sa tête laurée à dr. derrière une étoile. Sans revers Ar. t.b.c.

139   **Jules César** et **Auguste**. Aureus. C . CAESAR DICT . PERP .
      PONT . MAX . Tête laurée de Jules César à dr. Rev. C . CAESAR
      . COS . PONT . AVG Tête nue d'Octave à dr. Cohen I n 2 (fr. 450)
      Or. b.c. fort rare.

140   Denier M . SANQVINIVS . III . VIR Tête laurée de César à dr.
      en haut une comète. Rev AVGVSTVS . DIVI . F Tête nue
      d'Auguste à dr. Cohen I n 1 (fr. 30) fourré a.b.c.

141   M. B. Coh. 5 b.c.

142   **Jules César** et **Marc Antoine**. Denier CAESAR DIC . Tête laurée
      de Jules César à dr. Rev. M . ANTON . Tête barbue de Marc
      Antoine à dr. derrière le bâton d'augure. Cohen I n 3. t b.c.

143   **Brutus**. Denier CASCALONGVS Tête laurée de Neptune à dr.
      Rev. BRVTVS IMP . Cohen I, n 1. b.c.

144   — LEIBERTAS Tête nue de la Liberté à dr. Rev. CAEPIO
      BRVTVS PROCOS Lyre. Cohen n 2. b.c.

145   **Cassius**. Denier. C CASSI . IMP . LEIBERTAS. Tête diadémée
      de la Liberté à dr. Rev. LENTVLVS SPINT. Vase et bâton
      d'augure. Cohen 1, n. 2. t.b.c.

146   **Lépide** et **Marc Antoine**. Quinaire MANT (ANT monogr.) IMP.
      Coh. 3. a.b.c.

147   **Lépide** et **Octave**. Denier, LEPIDVS PONT MAX . III . VIR . R .
      P . C. Sa tête nue à dr. Rev. C . CAESAR IMP . III . VIR . R .
      P . C. Tête d'Auguste à dr. Cohen n. 2, var. fr. 40. Ar. b.c.

148   — Même pièce autre variété avec CAESAR IMP . III . VIR . R .
      R C. Ar. b.c.

149   **Marc Antoine**. Quinaire III VIR R . P . C. Buste de la Victoire.
      Rev. ANTONI IMP. Lion accosté de A LXI. Cohen n. 1. Ar.
      2 ps. a.b.c.

150   Denier. III VIR R . P . C . COS DESIG ITER ET TERT. Tête
      radiée du Soleil. Cohen 7. a.b.c.

151   Denier LEG III. LEG IV, VII, IX, X, XI (2 ps.) XIII, XVI,
      XX, XXI. Coh. 10, 12, etc. et 3 pièces fourrées. 17 ps.

152   Denier. Leg XII ANTIQVAE. Coh. 22. Ar. b.c.

153   — LEG XIIII et LEG XIV. Coh. 25 et 26. Ar. 2 ps.

154   — LEG XVIII LVBICAE. Coh. 33. Ar. a.b.c.

155   — LEG XXIII. Coh. 40. Ar. t.b.c.

156   — LEG XVII CLASSICAE. Coh. 30. Ar. t.b.c.

157   Quinaire. M . ANTON . C . CAESAR deux mains jointes tenant un
      caducée. Coh. 47. b.c.

158   — Même pièce, tête de la Concorde plus petite. t.b.c.

159   Denier. ANT . IMP . III VIR . R . P . C. Sa tête nue à dr. Rev.
      CN DOMIT . AHENOBARBVS IMP. Proue de vaisseau, dessus
      un astre. Coh. 54. a.b.c.

160   Denier IMP TER. Trophée. Coh. 59. Ar. a.b.c.

161   Denier. M . SILANVS AVG Q . PRO . COS. Cohen 69. Ar. 2 ps.

162 **Octave Auguste**. Denier. Buste ailé de la Victoire à dr. Rev. CAESAR
     DIVI F. Neptune nu debout à g. Cohen 9. t.b.c.
163 - - Tête de Vénus à dr. Rev. CAESAR DIVI F. Octave debout à
     g. et à dr. Cohen 10 et 11. Ar. 3 ps.
164 Quinaire. Sa tête nue à dr. Rev. ASIA RECEPTA. Cohen 50.
     Ar. t.b.c.
165 Denier. AVGVSTVS. Capricorne à dr. Coh. 60. a.b.c. et Quinaire
     ASIA RECEPTA. Coh. 50. b.c. 2 ps.
166 Denier. AVGVSTVS. Vache debout à dr. Coh. 55. b.c.
167 Denier. CAESAR AVGVSTVS entre deux branches de laurier.
     Coh. 63. Ar. t.b.c.
168 Denier. CAESAR DIVI F. Apollon assis à dr. et autre à la Paix
     debout à g. Cohen 70 et 76. Ar. 2 ps.
169 Denier C . L . CAESARES AVGVSTI F . COS DESIG PRINC .
     IVVENT Caius et Lucius debout Coh. 87 et COS ITER ET TER
     DESIG Simpule etc. Coh. 89 DIVVS IVLIVS Comète Coh. 93
     Ar. 3 ps.
170 Denier. Tête d'Octave à dr. couronné de chêne FORT RED CAES
     AVG SPQR sur un autel Coh. 97 Ar. b.c.
171 Denier IMP . X . ACT . Apollon en habit de femme Coh. 129.
     Ar. t.b.c.
172 Aureus AVGVSTVS DIVI . F Tête nue d'Auguste à dr. Rev.
     IMP . XII Taureau cornupète à dr. Cohen I n. 137. Or. t.b.c.
173 Denier IMP CAESAR sur la frise d'un édifice et le fronton d'un
     arc et IOVI OLY Temple à six colonnes Coh. 109 et 110 et 157.
     Ar. 3ps.
174 Denier IMP CAESAR sur la frise d'un édifice Coh. 109 Ar. t.b.c.
175 Aureus AVGVSTVS DIVI F Sa tête laurée à dr. Rev. IMP XIIII
     Un Germain présente un enfant à Auguste assis sur un estrade
     Cohen 1 n. 155 (fr. 100) Or. b.c.
176 Denier. IOV   TON Jupiter debout dans un temple Coh. 160 t.b.c.
177 Denier MAR VLT Temple rond à six colonnes Coh. 166 et SIGNIS
     RECEPTIS Mars debout Coh. 202. 2 ps. b.c.
178 Denier SIGNIS RECEPTIS S . P . Q.. R Bouclier entre une aigle
     romaine et une enseigne Coh. 205. Ar. t.b.c.
179 Denier SIGNIS RECEPTIS S . P . Q . R Coh. 205 et S. P. Q .
     R . Coh. 217. 2ps.
180 Denier S . P . Q . R PARENT CONS SVO Aigle romaine, man-
     teau impérial et couronne. Rev. Quadrige Coh. 5. Ar. b.c.
181 **Octave Auguste**. G.B. DIVO AVGVSTO S . P . Q . R Auguste assis
     sur un char trainé par quatre éléphants à g. Cohen n 26. b.c.
182 GB. Le char aux éléphants à dr. et S . P . Q . R dans l'exergue
     usé.
183 MB. DIVA AVGVSTA Coh. 264. a.b.c.
184 MB. CONSENSV SENAT etc. Cohen 263. b.c. — ROM ET AVG.
     M.B. Coh. 276. b.c.

185 G.B. S.C. Temple rond à six colonnes sur lequel est une statue. Coh. 277. frs. 60. a.b.c. usé.

186 M.B. S.C. foudre ailé. Coh. 281. b.c. S.C. dans une couronne de laurier. Coh. 283. 2 ps. b.c.

187 M.B. S.C. Aigle éployé. Coh. 282. t.b.c.

188 Aelia. P.B. Coh. 394. t.b.c.

189 *Antistia.* Denier C . ANTISTIVS REGINVS III . VIR Simpule etc. Coh. 290. b.c.

190 *Aquilia.* Denier AVGVSTVS CAESAR Auguste dans un bige d'éléphants à g. Coh. 293. fr. 20. b c.

191 *Caninia.* L CANINIVS GALLVS III . VIR Parthe à genoux. Coh. 307. b.c.

192 *Maria.* AVGVSTVS Tête d'Auguste à dr. Rev. C . MARIVS . C . F . TRO . III . VIR . Quadrige à dr. Coh. 341. b.c.

193 *Petronia.* Denier P . PETRON TVRPILIAN III . VIR Pégase marchant à dr. Coh. 368. a.b.c.

194 — TVRPILIANVS III . VIR. Astre sur un croissant. Coh. 372. a.b.c.

195 — TVRPILIANVS III . VIR Tarpeia écrasée par des boucliers. Coh. 361. fourré.

196 *Rustia.* Denier RVSTIVS FORTVNÆ ANTIAT Deux bustes accolés à dr. Rev. CAESARI AVGVSTO Autel sur lequel FOR . R Coh. 379. Ar. t.b.c.

196a *Vinicia* Denier SPQR IMP CAES Sur le piedestal d'une statue équestre. Coh. 387 fr. 30. Ar. a.b.c.

197 *Voconia.* Aureus DIVI F Sa tête nue à dr. devant, le bâton d'augure. Rev. Q . VOCONIVS — VITVLVS Q . DESIG . S . C Veau marchant à g. Coh. 391 (fr. 300). Or t b.c.

197a Lot de deniers d'Octave Auguste. 14 ps.

198 *Aelia* M.B. Coh. 396 a.b.c. *Asinia* M. B. Coh. 402 b.c. *Maecilia* M. B. Coh. 438 a.b.c. *Maecilia* M. B. Coh. 437 t.b.c. 4ps.

199 *Apronia*, P. B. Coh. 400 t.b.c.

200 *Asinia*, M.B. Coh. 402. *Quinctia* M.B. Coh. 454 b.c. *Valeria* M.B. Coh. 480 a.b.c.

201 *Betiliena* P. B. Coh. 410 patine t.b.c.

202 *Calpurnia* M. B. Coh. 412. Salvia M.B. Coh. 462.

203 *Cassia* M. B. Coh. 416 t.b.c.

204 *Clodia* P.B. Coh. 419 b.c.

205 *Gallia* G.B. Coh. 427 b.c.

206 *Licinia.* M.B. A . LICIN . NERVA . SILIAN III . VIR A . A . A . FF . Coh. 430 b.c.

207 *Licinia* G. B. OB CIVIS SERVATOS Coh. 431 b.c.

208 *Crispina* M B. Coh. 454 t.b.c.

209 *Nonia* M.B. Coh. 448. Calpurnia M.B. Coh. 412. Asinia G.B. Coh. 401. Salvia M.B. Coh. 461.

210 *Naevia* M.B. van de Coh. 447, avec tête d'Octave à g. et L . SVR
DINVS . III . VIR A A A F F S . C. b.e.

211 *Quinctia* G.B. Coh. 457 b.c.

212 *Sanquinia* M.B. Coh. 467 b.c. *Valeria* P. B. Coh. 478 b.c. 2 ps.

213 *Sempronia* G.B. Coh. 469 a.b.c.

214 *Sempronia* M.B. Coh. 470 a.b.c.

215 *Rubellia* P.B. Coh. 460 b.c.

216 Lot de 12 M.B. d'Octave August. Lot intéressant.

217 M.B. fr. pour Corinthe et M.B. de Saguntum au Labyrinthe 2 ps.

218 **Restitutions de Titus.** MB. DIVVS AVGVSTVS PATER. Sa tête
radiée à g. Rev. IMP . T . VESP AVG . REST . S . C. Aigle
éployé sur un foudre. Coh. 486. b.c.

219 MB. Sa tête radiée à g. Rev. IMP . T . VESP . AVG REST .
S . C à l'ex. PROVIDENT. Autel. Coh. 489. t.b.c.

220 **Rest tutions de Nerva.** G.B. DIVVS AVGVSTVS. Coh. 493. a.b.c.

221 M.B. DIVVS AVGVSTVS. Sa tête radiée à dr. Rev. IMP .
NERVA . CAES AVG . REST . S . C. Gouvernail sur un globe.
Coh. 495. a.b.c.

222 M.B. Autel. Coh. 496. b.c.

223 M.B. foudre. Coh. 497. b.c.

224 **Restitution de Gallien.** Denier. DIVO AVGVSTO. Sa tête radiée
à dr. Rev. CONSECRATIO. Autel. Coh. 505. Beau.

225 **Autonomes.** Denier. MARS VLTOR. Tête casquée de Mars à dr.
Rev. SIGNA P . R. Aigle romaine entre deux enseignes et un
autel. Coh 512 t.b c.

226 **Livie.** M B. PIETAS. Buste voilé et diadémé de Livie à dr. Rev.
DRVSVS CAESAR . TI . AVGVSTI F . TR . POT ITER dans
le champ S. C. Coh. 1. t.b.c.

227 M.B. IVSTITIA. Buste diadémé de Livie à dr. Rev. IMP . T .
CAES . DIVI VESP . F . AVG . REST dans le champ. S. C.
Coh. 6. t.b c.

228 M.B. PIETAS. Buste voilé et diadémé de Livie à dr. Rev. IMP .
T . CAES . DIVI . VESP . F . AVG . REST. dans le champ S. C.
Manque à Cohen. t.b.c.

229 **Agrippa.** M B. contremarqué. Coh. 3. b.c

230 **Agrippa** et **Auguste.** M.B. fr. à Nemausus. b.c.

231 **Tibère.** Aureus TI . CAESAR . DIVI AVG . F . AVGVSTVS.
Sa tête laurée à dr. Rev. PONTIF . MAXIM. Livie assise à dr.
tenant haste et une fleur Cohen I. n. 1. Or. t.b.c.

232 — Même pièce, avec Livie tenant sceptre, les pieds de la chaise
sans des ornaments. Or. t.b.c.

233 Denier. Coh. n. 2. t.b.c.

234 — M.B. Sa tête laurée à g. Rev. PONTIF MAX TR POT
XXXIIX Globe. Coh. 28. Belle patine.

235 M.B. TI CAESAR DIVI AVG F AVGVST IMP VII Rev. PONTIF
     MAX TR POT XXXIIX Globe auquel est attaché un gouvernail
     Comparez. Coh. 28. t.b.c.

236 PB. Cohen 42. b.c. MB. d'Antioche de Syrie. MB d'Utique. 3 ps.

237 MB. de Taragonensis TI CAESAR . DIVI . AVG . F . AVG
     Tête à dr. Rev. L . SEM . GEMINO L . VA . SVR A II VIR
     Galère dessus SAG. b.c. rare.

238 MB. PONTIF . MAXIM . TRIBVN . POTEST . XXXIIX .
     Coh 33. be.

239 MB. PONTIF MAXIM TRIBVN POTEST XVII S. C. Coh. 34. b.c.

240 GB. CIVITATIBVS ASIAE RESTITVTIS Tibère assis à g. Rev.
     TI CAESAR DIVI AVG . F . AVGVST . P . M . TR . POT
     XXIII . dans le champ S. C. Coh 51. t.b.c.

241 GB. Quadrige à dr. Rev. TI . CAESAR . DIVI . AVG . F AVGVST
     . P . M . TR . POT XXXVII. Coh. 49. a.b.c.

242 **Drusus.** G.B. Tête des deux enfants de Drusus sur deux cornes
     d'abondance. Rev. DRVSVS CAESAR etc Coh. 1. b.c.

243 **Néron Drusus.** GB. contremarqué de M et PRO. Coh. 7. a.b.c.

244 **Germanicus.** M.B. GERMANICVS CAESAR Germanicus debont
     dans un quadrige. Coh. 5. b.c.

245 **Agrippine Mère.** G.B. S . P . Q . R . MEMORIAE AGRIPPINAE
     Carpentum attelé de deux mules. Coh. 1 b.c.

246 **Néron et Drusus.** M.B. Coh. 3. b.c.

247 **Caligula.** G.B. ADLOCVT . COM . Coh. 10. a.b.c.

248 P.B. Coh. 15 et 17. t.b.c.

249 M.B. VESTA . S . C. Coh. 25. b c.

250 P.B. Coh. 16. 2 ps. t.b.c.

251 **Claude I.** Aureus TI . CLAVD . CAESAR . AVG . P . M . TR .
     P . VI . IMP . XI Sa tête laurée à dr. Rev. DE BRITANN
     sur un arc de triomphe, surmonté d'une statue à g. entre deux
     trophées. Coh. I n 14 (fr. 60). Or. b c.

252 Aureus TI CLAVD . CAESAR AVG . P . M . TR . P . IIII Sa
     tête laurée à dr. Rev. IMPER RECEPT écrit sur un camp pré-
     torien, à la porte un soldat près d'un enseigne. Cohen I n 35 Or. b.c.

253 Aureus TI CLAVD . CAESAR AVG . PM . TR . P VI IMP .
     XI Sa tête laurée à dr. Rev. S . P . Q . R . P . P . OB . C . S.
     Dans une couronne de chêne. Cohen 61. t.b.c.

254 G.B. EX S . C . P . P OB CIVES SERVATOS Coh 77 contre-
     marqué et sans contremarque 2 ps.

255 M.B. CONSTANTIAE AVGVSTI S. C. Coh. 73 b.c.

256 M.B. Coh. 79 et Coh. 87 3 ps.

257 G.B. NERO CLAVDIVS DRVSVS GERMAN IMP arc de triom-
     phe surmonté d'une statue Coh. 80 b.c.

258 P.B. Comp. Coh. 81 avec. PON . M . TR . P . IMP . COS . II t.b.c.

259 P.B. Coh. 74 2 var. 75 et 83. 3ps.

260 G.B. SPES AVGVSTA S. C. L'Espérance à g. contremarqué à l'avers de PROV an revers de N CAPR. Coh. 88 b.c.

261 **Agrippine** et **Claude.** Aureus. AGRIPPINAE AVGVSTAE Buste d'Agrippine à dr. couronné d'épis. Rev. TI CLAVD . CAESAR AVG . GERM . P . M . TRIB . POT . P . P Tête laurée de Claude à dr. Coh. 1 n. 3 (f 80) t.b.c.

262 Denier AGRIPPINAE AVGVSTAE Son buste à dr. Rev. TI . CLAVD . CAESAR AVG GERM TRIB POTES P . P tête laurée à dr. Coh. n. 4 var. fourré t.b.c.

263 **Agrippine** et **Néron.** Denier AGRIPP . AVG . DIVI CLAVDI . NERONIS CAES . MATER Buste d'Agrippine et tête nue de Néron en regard. Rev. NERONI CLAVD . DIVI . F . CAES . AVG . GERM IMP TR . P . Couronne de chêne dans laquelle EX . S . C . Coh. 6. b.c.

264 **Néron.** Aureus. NERO CAESAR AVGVSTVS. Sa tête laurée à dr. Rev. CONCORDIA AVGVSTA. La Concorde assise à g Coh. 7. Or.b.c.

265 Aureus. NERONI CLAVDIO DRVSO GERM . COS . DESIGN. Son buste jeune à dr. Rev. Sur un bouclier EQVESTER ORDO PRIN-CIPI IVVENT. Coh. 9. Or. t.b.c.

266 Aureus. NERO CAESAR AVGVSTVS. Sa tête laurée à dr. Rev. IANVM CLVSIT PACE P . R . TERRA MARIQ PARTA. Le temple de Janus fermé. Coh. 11. Or. t.b.c.

267 Denier. Sans légende. Aigle romaine entre deux enseignes. Coh.67.b.c.

268 Lot de quatre deniers, cons : médiocre. Coh. 60, 56 (frs. 20). 13. Ar.

269 G.B. ANNONA AVGVSTI CERES S . C. Coh. 81. a.b.c.

270 M B. ARA PACIS. Autel orné. Coh. 87. b.c.

271 P.B. CERTA . QVINQ . ROM CON . S . C. Table. Coh. 99. b.c.

272 P.B. CERT . QVINQ . ROM . CON. S . C. Coh. 99. b.c.

273 Entre M. B. et P. B. NERO . CLAVD . CAESAR . AVG . GER-MANICVS. Sa tête laurée à g. Rev. CER . QVINQ . ROMAE CONS . S . C. Amphore et couronne sur une table. Manque à Cohen. b.c.

274 G.B. DECVRSIO S . C. Néron et un soldat galopant à dr. Coh. 125. a.b.c. usé.

275 M.B. GENIO AVGVSTI S . C. Génie debout à g. Rev. NERO . CLAVD . CAESAR AVG . GER P . M . TR , P . IMP . P. Sa tête laurée à g. manque à Cohen. b c.

276 G.B. PACE P . R . TERRA MARIQ . PARTA IANVM CLV-SIT . S . C. Coh. 159. a.b.c.

277 G.B. PACE P . R . TERRA MARIQ . PARTA IANVM CLVSIT S. C. Coh. 169. M.B. Coh. 183. M.B. Coh. 184. 3 ps. a.b.c.

278 P.B. P . M . TR . P . IMP . P . P . S . C. Branche d'olivier. Coh. 191 et Coh. 196 et 198. b.c. 3 ps.

279 Entre M.B. et P.B. PONTIF MAX . TR . P . IMP . P . P . S . C. Rome assise à g. Coh. 200. b.c.

280 Entre M.B. et P.B. PONTIF MAX TR . P . IMP . P . P . S . C. Néron debout en habit de femme. Coh. 214. t.b.c.

281 M.B. ROMA . S . C. Coh. 238. b.c.

282 M.B. ROMA . S . C. Coh. 239. patine. Beau.

283 G.B. NERO CLAVDIVS CAESAR AVG . GER . P . M . TR . P . IMP . P . P Sa tête laurée à g. Rev. S.C. Arc de triomphe. Coh. 242 et 243. usé. a b c. 2 ps.

284 G.B. au même type, sa tête laurée à dr. Coh. 243. troué. b.o.

285 Lot intéressant de 12 médailles de bronze (MB et PB) de Néron.

286 M.B. Coh 246. b.c.

287 **Galba**. Denier SER GALBA IMPERATOR Son buste à dr. Rv. CONCORDIA PROVINCIARVM . La Concorde debout á g. Cohen 16. Ar. b.c.

288 Denier. SER GALBA IMP CAESAR AVG P . M . TR . P. Sa tête laurée à dr Rev. ROMA RENASC. Rome en habit militaire marchant à dr. Coh. 58. t.b.c.

289 Denier. TRES GALLIAE. Trois têtes de femmes à dr. (on ne voit que deux têtes sur cet exemplaire). Rev. SER . GALBA . IMP. Galba à cheval à dr. Coh 8. a.b.c. fort rare.

290 M.B. FELICITAS PVBLICA S. C. Coh. 128. M.B. LIBERTAS PVBLICA S . C. Coh. 141. 2 ps. t b.c.

291 M.B. LIBERTAS . PVBLICA S . C. Coh. 142. t.b.c.

292 G.B. SER . GALBA . IMP . CAESAR AVG . TR . P. Son buste lauré à dr. avec le paludament. Rev. LIBERTAS PVBLICA S C. La Liberté debout à g. Beau.

293 G.B. LIBERTAS AVGVSTA . S . C. Coh. 136. G.B. ROMA . S . C. Coh. 182. 2 ps. a.b.c.

294 M.B. IMP . SER . SVLP . GALBA CAES . AVG TR . P. Son buste lauré à dr. avec le paludameut. Rev. PAX . AVGVSTA S . C La Paix debout. Compz. Coh. 165 b.c.

295 G.B. S . P . Q . R OB CIV . SER. Dans une couronne de chêne. Coh. 233. b c

296 M.B. VESTA S . C. Vesta voilée assise à g. Coh. 244. b.c.

297 **Othon**. Denier. PAX ORBIS TERRARVM. Cohen 2. b.c.

298 **Vitellius**. Denier. CONCORDIA P . R. La Concorde assise à g. Cohen 4. b.c. CONSENSVS EXERCITVVM. Coh. 11 (fr. 15) troué. PONT MAXIM. Coh. 29. t.b.c. Ar. 3 ps.

299 Denier. A VITELLIVS GERMANICVS. Sa tête nue à dr. Rev. FIDES EXERCITVVM. Deux mains jointes Coh. 14. Ar. b c.

300 Denier. FIDES EXERCITVVM. Deux mains jointes. Rev. CONCORDIA PRAETORIANORVM. Coh. 100 et VESTA PR QVIRITIVM. Buste de Vesta. à dr. Rev. I . O . MAX . CAPITOLINVS. Coh. 103. 2 ps. a b.c.

301 Denier. I . O . M . CAPITOLINVS. Buste lauré de Jupiter à g. Rev. VESTA P . R . QVIRITIVM. Vesta assise à g. Coh. 107. Ar. t b c.

302 **Vespasien**. Denier. Sa tête laurée à g. Rev. AVGVR . TRIPOT. Simpule aspersoir etc. Coh. 12. Très beau.

303   Denier. AVGVR TRI POT. Simpule etc. Coh. 12 et 14. 2 ps.

304   Denier. COSITER . TR . POT. La Paix deb. Coh. 34. b.c.

305   Denier. COS VIII. Deux boeufs à g. Coh. 71. - - IMP XIX. Modius avec sept épis. Coh. 101 Ar. 2 ps.

306   Denier. IVDAEA. La Judée assise près d'un trophée. Coh. 108. 2 ps. a.b.c.

307   — Même denier. b.c.

308   Denier IMP CAESAR VESPASIANVS AVG IVDAEA DEVICTO. La Judée debout devant un palmier. Coh. 112. Ar. t.b.c.

309   Même denier avec AVG TR . P. Coh. 112. fourré. b.c.

310   — Denier NEP RED. Neptune debout. Coh. 122. t.b.c.

311   Denier. TR . POT . X . COS . VIIII. Victoire érigeant un trophée. Coh. 200. b.c.

312   M.B. AEQVITAS AVGVSTI S . C. Coh. VII . n. 47. b.c.

313   G.B. Tête laurée à dr. Rev. Tite et Domitien debout en regard. Coh. 255 usé. a.b.c.

314   G.B. IVDAEA CAPTA S . C. Cohen 304. b.c.

315   P.B. PON . M . TR . P . P . P . COS . III . S . C. Enseigne Coh. 361. b.c.

316   G.B. ROMA . S . C. Rome debout à g. Coh. 387. b.c.

317   G.B. IMP . CAES . VESPASIAN . AVG . P . M . TR . P . P . P . COS . III. Rev. S. C. Coh. 413. b.c.

318   P.B. S. C. dans une couronne de laurier. Coh. 455. 2 ps.

319   G.B. Sa tête laurée à dr. Rev. VICTORIA AVGVSTI S. C. Victoire près d'un palmier. Coh. 491. b.c.

320   Lot de 5 médailles M. B. de Vespasien.

321   **Restitution de Gallien.** Denier. DIVO VESPASIANO. Sa tête radiée à dr. Rev. CONSECRATIO. Autel Coh 510. Beau.

322   **Domitille jeune.** G.B. MEMORIAE DOMITILLAE S . P . Q . R. Char attelé de deux mules à dr. IMP . T . CAES . DIVI . VESP. F . AVG . P . M . TR . P . P . P . COS . VIII dans le champ S. C. Coh. 1. t b c.

323   **Titus.** Aureus. T . CAESAR IMP VESPASIANVS. Sa tête laurée à dr. Rev. COS VI. Rome assise à dr. Cohen 28. Or. b.c.

324   Aureus. TR . P . IX . IMP . XV . COS . VIII . P . P. Ancre autour duquel est enlacé un dauphin. Coh. 89. Or. b.c.

325   Denier. Coh. 90, 94 et 103. Ar. 3 ps. b.c.

326   G.B. Amphithéatre, à gauche une pyramide à dr. une portion de la Maison-d'Or. Rev. DIVO AVG . T . DIVI . VESP . F . VESPASIAN . S . C. Titus assis sur une chaise curule, derrière deux boucliers, dessous une cuirasse etc. Cohen 164. b.c. Rare.

327   MB. PAX AVGVST. Coh. 197. b.c.

328   G.B. PAX AVGVSTI . S . C. Coh. 206. t.b.c.

329   **Restitution de Gallien.** Denier. Coh. 321. t.b.c.

330 **Julie**. Denier. IVLIA AVGVSTA TITI AVGVSTI F. Son buste
diadémé à dr. Rev. VENVS AVGVST. Vénus debout à demi
nue appuyée sur une colonne. Coh. 7. t.b.c.

331 **Domitien**. Denier. COS XIIII. Cippe sur lequel on lit. LVD . SAEC .
FEL. Coh. 44. Beau.

332 IMP GAES DOMITAVG GERM P M TR P VII. Sa tête laurée à
dr. Rev. IMP XX COS XIIII CENS P P P. Pallas debout à g.
Denier. Manque à Cohen. t.b.c.

333 Denier. IMP XIIII COS XIII CENS P . P . P. Coh. 125. Denier
IMP XIX COS XIIII . CENS P . P . P. Coh. 159. Ar. 2 ps.

334 Denier. IMP XXII etc. Coh. 138. PRINCEPS IVVENTVTIS. Autel
allumé. Coh. 215. PRINCEPS IVVENTVTIS. Trône. Coh. 217. 3 ps.

335 Aureus. CAESAR AVG F . DOMITIANVS . COS . VI. Sa tête laurée
à dr. Rev. PRINCEPS IVVENTVTIS. Vesta assise à g. Coh. 205.
Or. Beau.

336 Quinaire. VICTORIA AVGVST. Victoire assise à g. Cohen 269. b.c.

337 Denier. PRINCEPS IVVENTVTIS. Coh. 211. t.b.c. PRINCEPS
IVVENTVTIS. Coh. 217. t.b.c. Denier TRP . COS VII DESVIII
P . P. Coh. 235. Ar. t b.c. 4 ps.

338 Denier. IMP XIIII . COS . XIII . CENS . P . P . P. Pallas debout.
Coh. 197. Beau.

339 Denier. PRINCEPS IVVENTVTIS. Palles debout à dr. Coh.
220. Beau.

340 Lot de Deniers de Claude I, Néron et Domitien. 5 ps. fourrées
ou a.b.c.

341 G B. Sa tête laurée à dr. Rev. COS XIIII . LVD . SAEC A . POP .
FRVG . AC S. C. Domitien assis sur une estrade, devant lui deux
figures. Coh. 306. a.b.c. Rare.

342 M.B. COS . XIIII . LVD . SAEC . FEC . S . C. Domitien sacrifiant auprès d'un autel. Coh. 309 patine. t.b.c.

343 G.B. IOVI VICTORI . S . C. Jupiter assis à g. tenant une Victoire. Coh. 368. t.b.c.

344 G.B. Même type. Coh. 369. b c.

345 G.B. Même type. Coh. 370. 2 ps.

346 M.B. MONETA AVGVST . S . C. Coh. 377 et M.B. Coh. 432.
2 ps. t.b.c.

347 MB VIRTVTI . AVGVSTI . S . C. La valeur casquée à dr. Coh.
554. t.b.c.

348 G.B S . C. L'Espérance marchant à g. et CAES . DIVI . AVG .
VESP . F . DOMITIANVS . COS . VII. Comme Cohen n. 425.
(M.B.). b.c.

349 G.B. S . C. Domitien au galop à dr. Coh. 473. a.b.c.

350 P.B. IMP DOM AVG. Tête de Mars à g. Rev. S. C. Dans une
couronne. Coh. 501. b.c.

351 **Incertaines**. Coh I, p. 463 à 465. P.B. Tête de femme à dr. Rev.
Colombe entre s. c. Coh. 9.

352 P.B. Tête de Jupiter à dr. Rev. Aigle entre s. c. Cohen n. 11, t.b.c.

353 P.B. Griffon accroupi à g. Coh. 22. 2 var. t.b.c.

354 P.B. Chouette à dr. regardant de face. Coh. 4.

355 P.B. Chouette à g. Coh. 5 t.b.c.

356 P.B. Buste casqué barbu à dr. Rev. s. c. Cuirasse. Coh. 14. t.b.c.

357 Lot de monnaies romaines, G.B. M.B. et P.B., d'Auguste Tibère, Claude 1 etc. 30 ps. Lot intéressant.

358 Lot intéressant de 12 médailles. P.B. de Domitien, Nerva etc.

359 **Nerva.** Denier.CONCORDIA EXERCITVVM. Coh. 10 et 12. 2 ps. b.c.

360 Denier. COS III . PATER PATRIAE. Coh. 22. Denier. LIBERTAS PVBLICA. Coh. 53. Ar. 2 ps. b.c.

361 M.B. Coh. 68 et G.B. Coh. 115 (Usé.) 2 ps. a.b.c.

362 **Restitution de Gallien.** Denier. DIVO NERV.F. Sa tête radiée à dr. Rev. CONSECRATIO. Autel. Coh. 127. t.b.c.

363 **Trajan** Aureus. IMP · CAES . NER . TRAIANO OPTIMO AVG . GER . DAC. Son buste lauré à dr. Rev. VOTA SVSCEPTA — P . M . TR . P . COS . VI . P . P . S . P . Q . R. Trajan sacrifiant en présence d'un Génie. Coh. 29. Or. t.b.c.

364 Denier. COS . V . P . P . S . P . Q . R . OPTIMD PRINC. Trophée. Coh. 51 et à la Paix debout. Coh. 39. t.b.c. 2 ps.

365 Denier. DAC . CAP etc. La Dacie assise à dr. Coh. 74. t.b.c.

366 Denier. DANVVIVS. Le Danube couché à g. Coh. 87. b.c.

367 Denier. IMP . TRAIANVS AVG . GER . DAC . P . M . TR . P . COS VI . P . P. Son buste lauré à dr. Rev. DIVVS PATER TRAIAN. Trajan Père assis à g. Coh. 88. b.c. Rare.

368 Denier. P . M . TR . P . COS . II . PP. Coh. 118. PM . TR . P . COS . IIII . P . P. Coh. 135 et 150. 3 ps.

369 Denier. Son buste lauré à dr. Rev. P . M . TR . P . COS . II . P . P. La Fortune assise à g. Coh. 116. Beau.

370 Aureus. IMP CAES NER TRAIANO OPTMO AVG GER DAC. Son buste lauré à dr. Rev. P . M . TR . P . COS VI . P . P . S . P . Q . R. Jupiter debout à g. à côté de lui Trajan. Cohen 167. Or. t.b.c.

371 Denier. P . M . TR . P . COS . VI . P . P . S . P . Q R. Coh. 168, 171, 173 et 175. 4 ps.

372 Denier. S . P . Q . R OPTIMO PRINCIPI. Mars debout à dr. Coh. 219. Beau.

373 Denier. S . P . Q . R . OPTIMO PRINCIPI. Coh. 219. 220, 255. 3 ps.

374 Denier. IMP . TRAIANO . AVG . GER . DAC . P . M . TR . P . COS . V.P.P. Son buste lauré à gauche.Rev. S . P . Q . R OPTIMO PRINCIPI. Génie debout à dr. tenant une patère et une corne d'abondance à ses pieds un autel. Manque à Cohen. b.c.

375 Denier. S . P . Q . R OPTIMO PRINCIPI. Statue équestre de Trajan à g. Coh. 260. t.b.c.

376 Denier. S . P . Q . R . OPTIMO PRINCIPI. Trophée. Coh. 270. t.b.c.

377 Denier. S . P . Q . R . OPTIMO PRINCIPI. Colonne surmontée de la statue de Trajan. Coh. 277. b.c.

378 Denier. VESTA à l'exergue, COS.V. etc.(à l'entour). Vesta assise à g. Coh. 286. b.c

379 Denier. VIA TRAIANA (à l'exergue) S . P . Q . R . OPTIMO PRINCIPI à l'entour. Femme couchée à terre tenant une roue. Coh. 290. b.c.

380 Restitution de Gallien. Denier DIVO TRAIANO. Rev. CONSE-CRATIO. Aigle. Coh. 552. t.b.c.

381 — Denier. CONSECRATIO. Autel. Coh. 550. t.b.c.

382 G.B. IMP . CAES . NERVA . TRAIAN . — AVG GERM PM TR P Buste lauré à dr. Rev. COS . II . P . P . CONC . PR . S . C. Trajan assis sur une estrade, devant lui une figure assise à laquelle un homme apporte une offrande, un autre monte l'estrade. Coh. 324. b.c.

383 P.B. IMP . CAES . NERVA TRAIAN AVG. Tête laurée à dr. Rev. Table sur laquelle amphore et couronne. Coh. 383. t.b.c.

384 M.B. VIA TRAIANA. Femme couchée à terre tenant une roue. t.b.c.

385 G.B. Coh. 389 et Coh. 411. 2 ps.

386 G.B. Rev. S . P . Q . R . OPTIMO PRINCIPI S . C. Dace assis Coh. 487. b.c. patine.

387 G.B. La Providence à g. Coh. 369. La Paix debout à g. Coh. 422. 2 ps.

388 M.B. Coh. 460. Tête laurée à dr. Rev. La Santé assise nourissant un serpent. Beau.

389 M.B. Coh. 543. Patine verte. t.b.c.

390 M.B. TR POT COS III PP. Coh. 525. t.b.c. Coh. 434. b.c. 2 ps.

391 P.B. Coh. 336 et 387. a.b.c. 2 ps.

392 P.B. Tête d'Hercule. Rev. Sanglier S . C. Coh. 388. t.b.c.

393 **Césarée de Cappadoce.** AVTOKP KAIC NEP TPAIANO C CEB GEPM. Rev. Tête de Jupiter à dr. Potin. b.c.

394 **Plotine** et **Trajan.** Aureus. PLOTINAE AVG. Buste diadémé de Plotine à dr. Rev. DIVO TRAIANO PARTH . AVG . PATRI. Buste lauré de Trajan à dr. Coh. n. 1. Or. b.c. Rare.

395 **Adrien.** Denier. IMP . CAESAR TRAIAN HADRIANVS AVG. Sa tête laurée à dr. Rev. ADOPTIO (à l'exergue), PARTHIC . DIVI TRAIAN AVG F . P . M . TR . P . COS . P . P. Trajan debout donnant les deux mains à Adrien. Compz. Coh. 53. t.b.c.

396 Denier. AEGYPTOS. L'Egypte couchée à g. Coh. n. 70. Ar. b.c

397 Denier. AFRICA. Son buste nu à dr. avec le paludament. Coh. 87. b.c.

398 — Même pièce mais le buste sans le paludament. a.b.c.

399 Denier. CONCORD à l'ex. PARTH . F . DIVI NER . NEP P M . TR : P . COS. La Concorde assise. Coh. 410. t.b.c.

400 Aureus. HADRIANVS AVGVSTVS. Buste lauré avec le paludament à dr. Rev. COS III. Hadrien à cheval à dr. Coh. 175. Or. t.b.c.

401 Aureus. HADRIANVS AVGVSTVS. Son buste lauré à dr. Rev. COS III. La louve alaitant Romulus et Rémus. Coh. 184. Or. Très beau.

402 Denier. CONCORD . P . M . TR . P . COS II. Coh. 114. COS . III. Coh. 158. FELIC . AVG . P . M . TR . P . COS . III. Coh. 216. 3 ps.

403 Denier. COS . III. Sept étoiles sur un croissant. Coh. 201. FELIC AVG . P . M TR . P . COS . III. Coh. 216. 2 ps.

404 Denier. Sa tête laurée à dr. FELICITAS AVG. Adrien et la Félicité debout. Coh. 220. t.b.c.

405 Denier. FELICITATI AVGVSTI. Vaisseau avec quatre rameurs. Coh. 231 (ébréché).

406 Denier. IVSTITIA à l'ex. P . M . TR . P . COS . II à l'entour. Coh. 298. t.b.c.

407 Denier. LIB . PVB . PM . TR . P . COS . III. La Liberté assise à g. Coh. 317. b.c.

408 Denier. P . M . TR . P . COS . III. Vaisseau allant à dr. Coh. 434. t.b.c.

409 Denier. ROMVLO CONDITORI. Romulus à g. Coh. 469. t.b.c.

410 Denier. PIETAS etc. Coh. 349. Denier. P . M . TR . P . COS . III. Coh. 428 SAL . AVG etc. Coh. 474. VICTORIA AVG. Coh. 515. 4 ps.

411 Quinaire. IMP CAESAR TRAIAN HADRIANVS AVG. Son buste lauré à dr. Rev. P . M TR . P . COS . III. Victoire marchant à dr. tenant une couronne et une palme. Cohen n. 406. t.b.c.

412 Quinaire IMP CAESAR TRAIAN HADRIANVS AVG. Son buste lauré à dr. Rev. P . M . TR . P . COS . III. Victoire assise à g tenant une couronne et une palme. Coh. 415. t.b.c.

413 Denier. PRO . AVG . P . M . TR . P . COS III. Coh. 439. SALVS AVG. Coh. 479. 2 ps.

414 Denier. ROMVLO CONDITORI. Romulus narchant à dr. Coh. 469. t.b.c.

415 Denier. SAL . AVG . P . M . TR . P . COS . III. La Santé assise à g. Coh. 474. t.b.c.

416 G.B. Coh. 669. a.b.c. Coh. 715. a.b.c. 2 ps.

417 G.B. Buste lauré à dr. Rev. La Concorde assise. Coh. 701. b.c.

418 G.B. HADRIANVS AVGVSTVS. Buste lauré à dr. Rev. COS III S C. Neptune à dr. Coh. 713. t.b.c.

419 G.B. Rev. Rome assise à g. Coh. 718. b.c.

420 G.B. Sa tête laurée à dr. Rev. Vaisseau. Patine. Coh. 860. b.c.

421 G.B. Buste lauré et cuirassé à dr. Rev. EXPED AVG. Adrien galoppant à g tenant haste. Coh. 615. b.c.

422 G.B. Rev. La Fortune debout à g. Coh. 882. t.b.c.

423 G.B. Coh. 889. t.b.c.

424 G.B. Coh. 897. b.c.

425 G.B. Rev. HILARITAS . P . R . COS . III . S . C. L'Allégresse
debout à g. entre un garçon et une jeune fille. Coh. 922. b.c.

426 G.B. Tête laurée à dr. Rev. Adrien assis sur une estrade, debout,
devant lui la Liberté répandant sa corne d'abondance sur un personnage qui tend les mains. Coh. 957. b.c.

427 G.B. Buste lauré à dr. Rev. Adrien assis sur une estrade accueil-
lant une femme. Coh. II, 965 var. a.b.c. Rare.

428 G.B. fr. à Alexandrie. Rev. Adrien dans un quadrige. patine. b.c.

429 G.B. fr. à Alexandrie. Rev. Le génie d'Alexandrie et Adrien
debout. b.c. patine.

430 G.B. Buste lauré à dr. IMP . CAESAR TRAIANV — SHADRI
ANVS AVG. Rev. LIBERALITAS etc. Adrien assis sur une
estrade, devant lui un autre personnage assis faisant des libéralités
à un citoyen, Coh. 954. t.b.c.

431 G.B. RESTITVORI GALLIAE. Adrien debout à dr. donnant la
main à la Gaule agenouillée. Coh. 1065. a.b.c.

432 G.B. AEGYPTOS. Coh. 637. b.c.

433 M B. IMP . CAESAR TRAIANVS HADRIANVS AVG. Buste radié
à dr. Rev. Rome assise donnant, la main à Adrien debout. Coh. 636.
Patine. b.c.

434 M.B. Coh. 636. a.b.c. M.B. AEGYPTOS. Coh. 638. b.c. M.B. Buste
nu radié à dr. SALVS PVBLICA. Comparez. Coh. n. 1109. b.c.
patine. M.B. Rev. S. C. dans une couronne de laurier. Coh. 1136.
Patine. b.c. M B. Coh. 946. t.b.c. 5 ps.

435 G.B. PROVIDENTIA AVG S . C. Coh. 1041. t.b.c.

436 M.B. Coh. 690 et 1108. t.b.c. et b.c.

437 M.B. Rev. Le Nil couché à g. Cpz. Coh. 1126. b.c.

438 M.B. RES(TITVTORI) ACHAIAE. Adrien debout à g. relevant
l'Achaie agenouillée. b.c.

439 P.B. HADRIANVS AVGVSTVS PP. Buste lauré à dr. Rev. COS
III S C. Trois enseignes militaires. Manque à Cohen. a.b.c.

440 **Sabine.** Denier. Buste diadémé à dr. Rev. CONCORDIA AVG. La
Concorde assise à g. Coh. 4. t.b.c.

441 Denier. IVNONI REGINAE. Coh. 18. b.c.

442 Denier. VENER . GENETRICI. Vénus debout. Coh. 24. b.c.

443 **Aelius.** Denier. L . AELIVS . CAESAR. Sa tête nue à dr. Rev. PIETAS
(dans le champ) TR . POT . COS . II (à l'entour). La Piété voilée
debout à dr. Coh. 14. t.b.c.

444 Denier. TR . POT . COS . II. La Piété debout à g. auprès d'un
autel paré et allumé. Coh. 22. b.c.

445 G.B. Coh. 57. a.b.c.

446 M.B. Coh. 43. b.c.

447 G.B. 2 ps. variées. a.b.c.

448 **Antonin.** Denier. ANNONA AVG. Modius. Coh. 7 et AEQVITAS
AVG. Coh. 4. 2 ps.

449 **Antonin**. Aureus. IMP T AEL CAES HADRI ANTONINVS. Son buste lauré à dr. Rev. AVG PIVS P . M . TR . P . COS DES III. La Piété voilée debout à dr. Coh. 12. Or. Beau.

450 Denier. DIVVS ANTONINVS. Sa tête à dr. Rev. CONSECRATIO. Aigle debout regardant á gauche. Coh. 46. t.b.c.

451 Denier. CONSECRATIO. Aigle sur un autel. Coh. 48. t.b.c.

452 Denier. COS . IIII. Trône surmonté d'un foudre. Coh. 136. t.b.c

453 Denier. DIVO PIO. Antonin assis à g. Coh. 137. t.b.c.

454 Denier. DIVO PIO. Autel orné de deux palmettes. Coh. 139. b.c.

455 Denier. TEMPL . DIVI . AVG . REST . COS . IIII. Temple. Coh. 244. b.c.

456 Même pièce. t.b.c.

457 Denier. TEMPLIVM DIV . AVG . REST . COS . IIII. Coh. 247. b.c.

458 Denier. TR POT XV . COS IIII. Coh. 307. VOTA SVSCEP DECENN III COS IIII. 2 ps. var. 3 ps.

459 *Restitution de Gallien*. Denier. CONSECRATIO. Autel allumé. Coh. 988. Beau.

460 G. B. Coh. 555. t.b.c.

461 G. B. Rev. Antonin debout à g. en habit militaire Coh. 559 t.b.c.

462 G. B. Rev. Quadrige. Coh. 561 b.c.

463 G. B. La Piété debout. Coh. 727. t.b.c.

464 M. B. Coh. 479 et Coh. 808 2ps.

465 G. B. ITALIA S. C. Coh. 641. b.c.

466 G. B. LIBERALITAS AVG . V . S . C. Coh. 653 troué a.b.c.

467 G. B. APOLLINI AVGVSTO Apollon debout à g. Coh. 484 b.c.

468 G. B. Coh. 619 et 633 2ps. b c.

469 G. B. Coh. 913 (fr. 10) Antonin couronné par une Victoire b.c.

470 G. B. Coh. 583 et 673 2ps.

471 G. B. La Concorde militaire debout à g. Coh. 504 Abondance deb. G. B. Coh. 476 2ps. t.b.c.

472 G. B. La Foi-debout à dr. Coh. 617 t.b.c.

473 G. B. Coh. 729 et 790 2ps. b.c.

474 G. B. ANTONINVS AVGPI — VS P P TR P COS IIII Tête laurée à dr. Rev. ROMVLO — AVGVSTO. Romulus *casqué*, courant à dr. portant haste et trophée, dans le champ S. C. Compz. Coh. 773 avec. cos III au droit b.c. Rare.

475 M. B. Rev. Mars devant Rhéa Sylvia couchée et endormie. Coh. 878 a.b.c.

476 G. B. Coh. 559 t.b.c.

477 M. B. Rev. S . P . Q . R . OPTIMO PRINCIPI S. C. dans une couronne. Coh. 835 et 836 2ps.

478 M. B. Tête laurée à dr. Rev. LIBERTAS PVBLICA COS II S. C. Var. de Coh. 684 b.c. M. B. Coh. 469 M.B. Coh. 484. 3 ps.

479 G. B. Coh. 653 (fr. 20) a.b.c.

480   G. B. PRIMI DECEN — NALES COS III S. C. Coh. 752 b.c. patine
481   G. B. DIVO PIO S. C. Coh. 581 b.c.
481a Lot. de G. B. et M. B. 14 ps.
482   G. B. Rev. ASIA etc. l'Asie à g. Coh. 489. b.c. Rare.
483   Potin fr. à **Alexandrie** t.b.c.
484   Restitution de Gallien. Billon Autel Coh. 988 t.b.c.
485   **Antonin** et **Marc Aurèle**. Denier. Tête laurée d'Antonin à dr.
      Rev. Buste nu de Marc Aurèle à dr. Coh. 13 b c.
486   **Faustine Mère**. Denier DIVA FAVSTINA Son buste à dr. Rev.
      AED . DIV . FAVSTINAE Temple à six colonnes. Coh. 1 t.b.c.
487   Denier AETERNITAS L'Eternité debout à g. Coh. 5. AVGVSTA
      Cérès debout à dr. Coh. 28. 2ps.
488   Denier AVGVSTA La Piété debout. Coh. 47 t.b.c.
489   Denier AETERNITAS Coh. 14. AETERNITAS Trône Coh. 21 et
      AVGVSTA Cérès Coh. 28 3ps.
490   Denier CONCORDIAE Antonin et Faustine debout Coh. 65 b.c.
491   Denier CONSECRATIO Paon marchant à dr. Coh. 72 t.b.c.
492   M. B. Buste à dr. Rev. Vesta près d'un autel. Coh. 190 b.c. CON-
      SECRATIO S. C. Coh. 219 2ps. b.c.
493   M. B. Rev. PIETAS S. C. Coh. 256 t.b.c.
494   G. B. Rev. Cérès à g. Coh. 163, Coh. 182 et 196 3ps.
495   G. B. DIVA FAVSTINA Buste drapé à dr. Rev. AETERNITAS
      S. C. Faustine tenant le tympanon assise dans un bige de lions
      marchant à g. Coh. II pl. XIV no. 168 (fr. 50) Beau et rare.
496   -- Même pièce. a.b.c.
497   M.B. DIVA AVGVSTA FAVSTINA. Buste voilé à dr. Rev. Crois-
      sant entre 7 étoiles. Coh. 276. a.b.c.
498   G.B. Rev. L'Eternité à g. Coh. 150. b.c. patine.
499   G.B. Rev. PIETA — S AVG . S . C. Coh. 255. b.c. Patine.
500   M.B. Coh. 183. t.b.c. 2 var.
501   M.B. Buste voilé à dr. Coh. 220. Patine. b.c.
502   M.B. Buste à dr. Rev. Croissant. Coh. 275. b.c.
503   G.B. DIVA FAVSTINA. Buste drapé à dr. Rev. AVGV — STA S C.
      La Piété debout à g. Cohen 203. b.c.
504   P.B. fr. à **Delphis**. Rev. HYOIA dans une couronne. b.c.
505   **Marc Aurèle**. Denier. ANTONINVS AVG ARMENIACVS. Sa tête
      laurée à dr. Rev. ARMEN . P . M . TR . P . XVIII . IMP . II .
      COS . III. L'Arménie assise à g. Coh. 3. t.b.c.
506   Aureus. ANTONINVS AVG ARMENIACVS. Son buste lauré à dr.
      Rev. . P . M . TR . P . XIX . IMP . II . COS . III. Vic-
      toire attachant un bouclier à un palmier avec VIC AVG. Cohen
      163. Or. b.c.
507   Denier. CLEM (à l'ex.) TR . POT . IIII . COS . II . Coh. VII,
      n. 4. IMP . VI . COS III. Coh. 114. PROVDEOR TR . P . XV .
      COS . III. Coh. 182. 3 ps.

508 Denier. TR . POT . VII . COS . II. Le Génie de l'armée debout.
Coh. 228. t.b.c.

509 Denier. AVRELIVS CAES AVG PII F. Son buste à dr. Rev.
TR . POT XIII . COS . II. L'Espérance à g. var. de Coh. 261. t.b.c.

510 Denier. COS II. Marc Aurèle debout. Coh. 40. TR POT XIIII .
COS . II. Pallas à dr. Coh. 263. 2 ps. t.b.c.

511 Denier. M ANTONINVS AVG TR P XXIIII. Sa tête laurée à dr.
Rev. COS . III. Pallas casquée assise à g. sur une chaise tenant
un sceptre et un bouclier, manque à Cohen. t.b.c.

512 Denier. TR . POT . II . COS . II. La Foi deb. Coh. 211. t.b.c.

513 Denier. SALVTI AVG . COS . III. La Santé debout. Coh. 194.
TR . POT . XI . COS . II. Soldat debout. Coh. 245. 2 ps. t.b.c.

514 Denier. TR . P . XX . IMP . IIII . COS . III. Victoire attachant
un bouclier avec VIC . PAR à un palmier. Coh. 287. t.b.c.

515 Denier. TR . P . XXII . IMP . IIII . COS . III. La Providence
à g. Coh. 292. TR . P . XXII : IMP . V . COS . III. L'Equité
debout. Coh. 299. 2 ps. t.b.c.

516 Denier. VICT AVG . COS . II. Victoire à g. Coh. 350. t.b c.

517 *Restitution de Gallien.* Billon DIVO MARCO. Sa tête radiée à dr.
Rev. CONSECRATIO. Aigle éployé à dr. Coh. 820. t.b.c.

518 Lot fort intéressant de deniers de Trajan, Hadrien et d'Antonin.
30 pièces.

519 G.B. LIBERALITAS AVG VII . IMP . VIII . COS III P . P . S . C.
Coh. 579. b.c.

520 G.B. La Valeur à dr. Coh. 798. t.b.c. Patine.

521 G.B. Coh. 602. a.b.c.

522 M.B. Le Tibre couché à g. Coh. 540. b.c.

523 M.B. M ANTONINVS AVG GERM TR P XXIX. Buste radié à
dr. Rev. IMP VII COS III. L'Abondance à g. Variété de Coh.
544. t.b.c.

524 G.B. RELIG . AVG IMP VI COS III S . C. Mercure debout sur
un piedestal dans un temple à quatre colonnes. Coh. 614. a.b.c.

525 M B. Rev. Marc-Aurèle et Lucius Vérus se donnant la main.
Coh. 422. b.c.

526 M.B. Coh. 601. b.c.

527 G.B. Victoire debout à dr. à ses pieds l'Arménie assise. Coh.
787. b.c.

528 G.B. Pallas assise à dr. Coh. 665. b.c.

529 **Faustine Jeune.** Aureus. FAVSTINA AVGVSTA. Son buste diadémé
à dr. Rev. SALVTI AVGVSTAE. La Santé assise à g. nourissant
un serpent. Coh. 74. Or. Beau.

530 Denier. AVGVSTI . PII FIL. Vénus debout et IVNO. Junon
debout Coh. 43. 2 ps. b.c.

531 G. B. Coh. 184 M. B. Coh. 157 2ps.

532 G. B. L'Allégresse debout à g. Coh. pl. XVIII 167. b.c.

533 G. B. FECVNDITAS La Fécondité à dr. tenant un sceptre et un enfant. Coh. 164 t b.c.

534 G. B. DIVAE FAVSTIN — AVG . MATR CASTROR Buste voilé à dr. Rev. CONSE — CRATIO S. C. Faustine tenant un sceptre. Coh. 145. b.c.

535 G. B. Buste coiffé à dr. Rev. Junon à g. Coh. 173. t.b.c. Patine.

536 G. B. Coh. 181 t.b.c.

537 M. B. HILARITAS S. C. L'Allégresse à dr. arrangeant son voile et tenant une palme Coh. 170 t.b.c.

538 G.B. Buste à dr. Rev. MATRI MAGNAE. Cybèle assise à dr. Coh. pl. XVIII. 196. t.b.c.

539 Même pièce b.c. patine.

540 **Lucius Verus.** Denier PROV . DEOR . TR . P . II . COS . II Coh. 37 b.c.

541 Denier TR . P . IIII . IMP . II . COS . II. Coh. 49 sans le cuirasse t.b.c.

542 Denier TR . P . IIII . IMP . II . COS . II Coh. 50 Beau.

543 Denier, même légende, sa tête nue à dr. Coh. 58 t.b.c.

544 G. B. CONCORD . AVGVSTOR . TR . P . COS . II S. C. Coh. 115 b.c.

545 G. B. CONCORD . AVGVSTOR . TR . P . II . COS . II S. C. Son buste nu à dr. avec le paludament Coh. 123 t.b.c.

546 G. B. L . VERVS . AVG . ARM . PARTH . MAX Sa tête laurée à dr. Rev. TR . POT . VI . IMP . IIII . COS II S. C. Victoire debout Coh. 196 patine t.b.c.

547 **Lucille.** G. B. Coh. 44 et Coh. 92 2ps.

548 G.B. FECVNDITAS S. C. La Fécondité assise à g. Coh. 50 b.c.

549 G. B. HILARITAS S. C. Coh. 55 b.c.

550 G. B. VENVS S. C. Vénus debout à g. Coh. 72 b.c.

551 **Commode.** Denier APOL . PAL . P . M . TR . P . XVI . COS . VI Coh. 8 b.c.

552 Denier FORTVNAE MANENTI C . V . P . P La Fortune assise tient un cheval Coh. 58 t.b.c.

553 Denier I . O . M . SPONSOR . SEC . AVG Commode et Jupiter debout Coh. 77 t.b.c.

554 Denier SECVR . ORB . P . M . TR . P . XIIII . COS . V . P . P Coh. 229. t.b.c.

555 M. B. HERCVLI ROMAN . AVGV S. C. Massue. Coh. 538 t.b.c.

556 G. B. LIBERAL . AVG . VI (à l'exergue) etc. Commode assis sur une estrade. Coh. 587 a.b.c.

557 G. B. VIRTVS AVG IMP . III . COS . II . P . P S. C. La Valeur assise à dr. Coh. 845 Patine.

558 **Restitution de Gallien.** Billon. CONSECRATIO. Aigle. Coh. 868. t.b.c.

559 — Billon. CONSECRATIO. Autel allumé. Coh. 869. Beau.

560 Lot de médailles de bronze de Faustine, Crispine, Lucius Verus etc. 14 pièces.

561 Lot de Deniers de Lucille, Septime Sévère etc. 7 ps.

562 **Albin.** Denier. COS . II. Aesculape debout à dr. Coh. 6. b.c.

563 G.B. Coh. 59? a.b.c.

564 **Septime Sévère.** Denier. AEQVITATI AVGG. Coh. 20.   FELI-
CITAS AVGG. Coh. 78. 2 ps. t.b.c.

565 Denier. FORTVNA REDVC. Coh. 104. HERCVLI DEFENS.
Coh. 126. 2 ps.

566 Denier. HERCVLI DEFENS. Coh. 124. — P . M . TR . P . III .
COS II . P . P. Coh. 256. 2 ps. b.c.

567 Denier. LEG . VII . CL — TR . P . COS. Coh. 165. b.c.

568 Denier. MONET AVG. Coh. 217. — PACI AVGVSTI. Coh. 230.
PART . MAX . P . M . TR . P . VIIII. Coh. 237. — P . M .
TR . P . XIII . COS . III . P . P. Coh. 295. Ar. 3 ps.

569 Denier. P . M . TR . P . XV . COS . III . P . P. Victoire debout
écrivant sur un bouclier. Coh. 304. t.b.c.

570 Denier. P . M . TR . P . XV . COS . III P . P. L'Afrique debout
à dr. Coh. 308. t.b.c.

571 Denier. P . M . TR . P . XI . COS . III . P . P. Coh. 285. Beau.

572 Denier. P . M . TR . P . XVII . COS III : P . P. Jupiter entre
Caracalle et Géta. Coh. 323. t.b.c.

573 Denier. VOTA SVSCEPTA XX. Sévère sacrifiant sur un trépied.
Coh. 454. t b.c.

574 Denier. P . M . TR . P XVII . COS . III . P . P. Jupiter debout
à g. entre Caracalle et Géta. Coh. 323. t.b.c.

575 G.B. MONET . AVG . COS . II . P . P . S . C. Les trois monnaies debout. Coh. 532. patine. a.b.c.

576 **Restitution de Gallien.** Billon. CONSECRATIO. Aigle. Coh. 668. t.b.c.

577 Lot de 6 Deniers de Septime Sévère.

578 **Julia Domna.** Denier. DIANA LVCIFERA. Coh. 19. — FELICITAS.
Coh. 24. — PIETAS AVGG. Coh. 78. — PIETAS PVBLICA.
Coh. 83. — PVDICITIA. Coh. 89. Lot intéressant de 5 pièces.

579 Denier. VENERI VICTR. Vénus debout à dr. Coh. 103. t.b.c.

580 Denier. VENVS GENERTIX. Vénus assise à g. Coh. 111. b.c.

581 G.B. IVNONEM . S . C. Coh. 158. a.b.c.

582 M.B. VESTA S . C. Quatre Vestales debout. Coh. 206. a.b.c. Rare.

583 **Caracalla.** Denier. DESTINATO IMPERAT. Bâton d'augure, bonnet
crâne de boeuf et simpule. Coh. 32. a.b.c.

584 Denier. FELICITAS TEMPORVM. La Félicité debout à g. Coh.
43. t.b.c.

585 Denier. FIDEI EXERCITVS. La Foi debout. Coh. 49. Beau.

586 Denier. LIBERALITAS AVGG . V. Coh. 87. Beau.

587 Denier. ANTONINVS PIVS AVG BRIT. Sa tête barbue à dr. Rev.
LIBERALITAS AVG VIII. La Liberalité debout. Coh. 92. Superbe.

588 Denier. MONETA AVG. La Monnaie debout. Coh. 108. Très beau.

589 Denier PART . MAX . PON . (sic) TR . P . V . COS. Trophée entre deux captifs. Compz. Coh. 120. t.b.c. Rare.

590 Denier. P . M . TR . P . XVI . COS . IIII . P . P. Sérapis debout. Coh. 143. Très beau.

591 Denier. P . M . TR . P . XVIIII . COS IIII . P . P. Jupiter debout. Coh. 200. Superbe.

592 Denier. P . M . TR . P . XX . COS . IIII . P . P. Coh. 220. Beau.

593 Denier. PONTIF . TR . P . III. Caracalla debout. Coh. 243. Beau.

594 Denier. PONTIF TR . P . VIIII . COS . II. Mars deb. à g. Coh. 252. Beau.

595 Denier. PONTIF TR . P . XII . COS . III. La Valeur deb. à dr. Coh. 272. Beau.

596 Denier. PONTIF TR . P . XIII . COS . III. Même type. Coh. 278. Superbe.

597 Denier. VICTORIAE BRIT. Victoire marchant à dr. Coh. 349. Très beau.

598 Denier. ANTONINVS PIVS AVG. Sa tête laurée à dr Rev. VOTA SVSCEPTA X. Caracalla debout à g. Coh. 377 var. t.b.c.

599 P.B. PONTIF TR . P . VIIII . COS . II. Coh. 597.

600 **Plautille.** Denier. VENVS VICTRIX. Vénus debout à g. Coh. 17. t.b.c.

601 **Géta.** Denier. P . SEPT . GETA CAES . PONT. Son buste jeune à dr. Rev. CASTOR. Castor debout devant son cheval. Coh. 4. b.c. Rare.

602 Denier. PONTIF . COS . II. Génie auprès d'un autel. Coh. 56. t.b.c.

603 Denier. LIBERALITAS AVGV. La Libéralité debout à g. Coh. 34. t.b.c.

603a Denier. PONTIF . COS . II. Génie auprès d'un autel var. de Coh. 56 avec le buste sans le paludament. Beau.

603b Denier. TR . P . III . COS . II . P . P. La Providence debout. Coh. 99. Beau.

604 **Macrin** P. B. fr. à Laodicée b. c.

605 **Diaduménien.** Denier M . OPEL . ANT . DIADVMENIAN . CAES Son buste à dr. avec le paludament. Rev. PRINC . IVVENTVTIS Diaduménien debout tenant une enseigne, à dr. deux enseignes Coh. 7. Ar. t.b.c. Rare.

606 **Elagabale.** Denier FIDES MILITVM Aigle légionnaire entre deux enseignes. Coh. 29 t.b.c.

607 Denier FORTVNA AVG Coh. 31 VICTOR ANTONI AVG Coh. 144 2ps.

608 Denier IOVI CONSERVATORI Jupiter debout à g. Coh. 41. INVICTVS SACERDOS AVG Elagabale auprès d'un autel Coh. 38 2ps. b.c.

609 Denier LAETITIA PVBL . Coh. 43 LIBERALITAS AVG II Coh. 48 2ps.

610 Denier P . M . TR . P . III . COS . III . P . P Le Soleil à g. Coh. 81 Beau.

611 Denier SACERD . DEI . SOLIS ELAGAB. Elagabale sacrifiant sur un autel. Coh. 118 t.b.c.

612 Denier SVMMVS SACERDOS AVG . Elagabale sacrifiant Coh. 134 2 ps. var.

613 Denier TEMPORVM FELICITAS La Félicité debout à g. Coh. 137 2 ps.

614 Denier VICTOR . ANTONINI AVG Victoire à dr. Coh. 144 Beau.

615 G. B. ADVENTVS AVGVSTI S. C. Elagabale en habit militaire à cheval à g. Coh. 158 b.c. Rare.

616 Lot de Six deniers de Caracalla, d'Elagabale, Maesa et de Julia Paula.

617 **Alexandre Sévère.** Denier AEQVITAS AVG Coh. 4 — ANNONA AVG. Coh. 9. FIDES MILITVM Coh. 26. — IOVI PROPVGNA-TORI. Coh. 42. 4 ps.

618 Denier ANNONA AVG L'Abondance le pied sur une proue. Coh. 14 Beau.

619 Denier CONCORDIA La Concorde assise à g. Coh. 19 t.b.c.

620 Denier ANNONA AVG Coh. 9 — FIDESMILITVM Coh. 27 — IOVI STATORI Coh. 44. 3 ps.

621 Denier MARS VLTOR Mars marchant à dr. Coh. 66 — MARTI PACIFERO Mars debout à g. Coh. 70 2 ps. t.b.c.

622 Denier. PAX AETERNAE. Coh. 75. t.b.c. et PROVIDENTIA AVG. Coh. 192. Beau. 2 ps.

623 Denier. P . M . TR . P . III COS P . P. Coh. 119. P . M TR . P VIII COS III P . P. Coh. 163. 2 ps. t.b.c.

624 Denier. PAX AVG. Coh. 78 et PERPETVITATI AVG. Coh. 79. 2 ps. t.b.c.

625 Denier. SALVS PVBLICA. La Santé assise à g. Coh. 197. Beau.

626 Denier. VICTORIA AVGVSTI. Victoire debout. Coh. 213. t.b.c. VICTORIA AVG. Coh. 208. 2 var.

627 Denier. VICTORIA AVG. Victoire à g. Coh. 204. Beau.

628 Lot intéressant de 10 Deniers d'Alexandre Sévère, la plupart. t.b.c.

629 Lot de 4 deniers d'Elagabale et de 7 deniers d'Alexandre Sévère, plusieurs belles pièces.

630 G.B. IVSTITIA AVGVSTI S . C. La Justice assise à g. Coh. 270. Droit b.c. Rev. t.b.c.

631 G.B. P . M . TR . P . VIII . COS . III . P . P . S . C. La Liberté debout. Coh. 365. b.c.

632 M.B. PROVIDENTIA AVG S C. Cohen 429. patine.

633 G.B. VIRTVS AVGVSTI . S . C. Alexandre posant le pied sur un casque et tenant un globe et une haste. Coh. 460. Belle patine.

634 Lot intéressant de G.B. 6 pièces.

635 Restitution de Gallien: Billon, Aigle. Coh. 463. b.c.

636 **Orbiane.** Denier. SALL BARBIA ORBIANA AVG. Son buste diadémé à dr. Rev. CONCORDIA AVGG. La Concorde assise à g. Coh. 1. t.b.c.

637 — Même pièce. a.b.c.

638 **Mamée.** Denier. FECVND AVGVSTAE. La Fécondité assise à g· Coh. 3. t b.c.

639 Denier. FELICITAS PVBLICA. La Félicité assise à g. Coh. 8. t.b.c.

640 Denier. IVNO CONSERVATRIX. Junon debout. Coh. 11. b.c.

641 Denier. PIETAS AVGVSTAE. La Piété debout. Coh. 14.

642 Denier. VENVS GENETRIX. Vénus debout. Coh. 23. t.b.c.

643 Denier. VENVS VICTRIX. Vénus debout. Coh. 25. VESTA. Vesta debout. Coh. 27. 2 ps. b.c.

644 Denier. VESTA. Vesta deb. Coh. 29. t.b.c.

645 M.B. FECVNDITAS AVGVSTAE S . C. Coh. 35. b.c.

646 G.B. FELICITAS PVBLICA S . C. La Félicité debout. Coh. 41. b.c.

647 G.B. Même pièce. Belle patine. b.c.

648 G.B. FELICITAS PVBLICAS . C. La Félicité assise à g. Coh. 44. t.b.c.

649 G.B. VENERI FELICI. Vénus debout à dr. Coh. 61. patine. b.c.

650 G.B. VESTA . S . C. Vesta debout à g. Coh. 72. a.b.c.

651 **Maximin I.** Denier. FIDES MILITVM. Coh. 6 (2 ps.) PAX AVG VSTI. Coh. 14. P . M . TR . P . P. Coh. 18. PROVIDENTIA AVG. Coh. 29. 5 ps.

652 Denier. SALVS AVGVSTI. La Santé assise à g. Coh. 32. Beau.

653 G.B. PAX AVGVSTI S . C. Coh. 60. b.c.

654 G.B. PROVIDENTIA AVG S . C. Coh. 80. b.c.

655 **Maxime.** G.B. PIETAS AVG S . C. Vase à sacrifice entre un bâton d'augure, un couteau et une patère et un simpulum et un aspersoir. Coh. 6. t.b.c.

656 G.B. PRINCIPI IVVENTVTIS S . C. Maxime debout à g. Coh. 13. Belle patine verte. Beau.

657 G.B. Même pièce. t.b.c.

658 **Balbin.** G.B. P . M . TR . P . COS . II . P . P S . C. Balbin debout à g. Coh. 25. b.c.

659 **Pupien.** G.B. Coh. 24. a.b.c. et M.B. de **Maximin I.** Coh. 49. b.c.

660 **Gordien le Pieux.** Denier. AEQVITAS AVG. Coh. 9. AETERNITATI AVG. Coh. 15. CONCORDIA AVG. Coh. 18. CONCORDIA MILIT. Coh. 23. FELICIT . TEM. Coh. 30. 5 ps.

661 Denier. AEQVITAS AVG. L'Equité deb. à g. Coh. 9. Beau.

662 Denier. FORT REDVX. Coh. 39. IOVI STATORI. Coh. 49. LAETITIA AVG N. Coh. 53. LIBERALITAS AVG II. Coh. 59 et 60. 5 ps.

663 Denier. CONCORDIA MILIT. La Concorde assise à g. Coh. 23. t.b.c.

664 Denier. IOVIS STATOR. Coh. 47 et IOVI STATORI. Coh. 49. 2 ps.

665 Denier. LAETITIA AVG N. La Joie deb. à g. Coh. 53. t.b.c.

666 Denier. MARTEM PROPVGNATOREM. Coh. 67. Beau.

667 Denier. ORIENS AVG. Le Soleil debout. Coh. 59. t.b.c.

668 **Denier. M . ANT GORDIANVS CAES.** Son buste nu à dr. Rev.
PIETAS AVGG. Bâton d'augure, couteau, vase, simpule et aspersoir. Coh. 73. t.b.c. Rare.

669 **Denier.** P . M . TR . P . III . COS II . P . P. Apollon assis à
g. Coh. 97. t.b.c.

670 **Denier.** VICTORIA AVG. Victoire marchant à g. Coh. 155. Beau.

671 **Denier.** ORIENS AVG. Coh. 69. P . M . TR . P . III . COS .
P . P. Coh. 103. P . M . TR . P . IIII COS II. Coh. 107. P . M .
TR . P . V . COS . II. Coh. 113. PROVID AVG. Coh. 125.
PROVIDENTIA AVG. Coh. 126. 6 ps.

672 Denier. VIRTVTI AVGVSTI. Coh. 165. Beau.

673 **Denier.** ROMAE AETERNAE. Coh. 138. SECVRITAS PERPE-
TVA. Coh. 145. SAECVLI FELICITAS. Coh. 140. VIRTVTI
AVGVSTI. Coh. 166. VIRTVS AVG. Coh. 161. VICTORIA AVG.
Coh. 155. 6 ps.

674 Lot fort intéressant de 40 deniers de Gordien le Pieux, la plupart. t.b.c.

675 Lot de 15 deniers, intéressant.

676 G.B. AETERNITATI AVG S . C. Le Soleil radié debout à dr.
levant la main gauche. Var. de Cohen 220. t.b.c.

677 G.B. FORTVNA REDVX S . C. La Fortune assise à g. Coh. 234.
b.c. patine.

678 G.B. IOVI CONSERVATORI. Coh. 236. IOVI STATORI. Coh. 240.
P . M . TR . P . V COS II PP . S . C. Coh. 297. 3 ps. b.c.

679 G.B. LAETITIA AVG N . S . C. La Joie debout. Coh. 242. t.b.c.

680 M.B. LAETITIA AVG N . S . C. Coh. 243. patine. t.b.c.

681 G.B. MARTEM PROPVGNATOREM S . C. Mars marchant à dr.
Coh. 264. b.c.

682 G.B. LIBERTAS AVG S . C. La Liberté debout à g. Coh. 260.
Belle patine t.b.c.

683 Même pièce. t.b.c.

684 G.B. PAX AVGVSTI S . C. Coh. 268. SECVRIT PERPET S . C.
Coh. 320. 2 ps. b.c.

685 G.B. P . M . TR . P . III . COS . II . P . P . S . C. Apollon
assis à g. Coh. 288 t.b.c. Belle patine.

686 **G.B** P . M . TR . P . IIII . COS . II . P . P . S . C. Apollon
assis à g. Coh. 292. t.b.c.

687 **G.B.** SECVRITAS PERPETVA S . C. Coh. 319. a.b.c. patine.

688 **M.B.** VIRTVTI AVGVSTI S . C. Hercule nu debout à dr. Coh.
344. fr. 15. t.b.c. Belle patine.

689 Lot de G.B. 5 pièces. b.c.

690 **Philippe Père.** Denier. ADVENTVS AVG. Philippe à cheval à g.
Coh. 6. t.b.c.

691 Denier. IMP . M . IVL . PHILIPPVS AVG. Son buste radié à g.
Rev. ADVENTVS AVG. Philippe à cheval à g. Cohen VII, n. 1.
t.b.c. Rare.

692 Denier. AEQVITAS AVGG. Coh. 9. t.b.c. FIDES EXERCITVS.
Coh. 22. t.b.c. FORTVNA REDVX. Coh. 28. t.b.c. 3 ps.

693 Denier. AETERNITAS AVGG. Eléphant á g. Coh. 11. t.b.c.

694 Denier. ANNONA AVGG. Coh. 15. t.b.c. FIDES MILIT. Coh. 23.
t.b.c. P . M . TR . P . II COS PP. Coh. 50. 3 ps.

695 Denier. LAETIT FVNDAT. Coh. 34. 2 ps. P . M TR . P . II .
COS P . P. Coh. 50 et 52. ROMAE AETERNAE. Coh. 73. 5 ps.

696 Denier. PAX FVNDATA CVM PERSIS. Coh. 45. t.b.c. Rare.

697 Denier. SAECVLARES AVGG. Lion marchant à dr. Coh. 75. b.c.

698 Denier. Même légende. Cerf à dr. Coh. 83. t.b.c.

699 Denier. Même légende. Gazelle à g. Coh. 86. b.c.

700 Denier. SAECVLARES AVGG. Cippe sur lequel COS . III. Coh
88. Beau.

701 Denier. SAECVLVM NOVVM. Temple à six colonnes. Coh. 89.
2 ps. variées. b.c.

702 Denier. SAECVLVM NOVVM. Coh. 89. SPES FELICITATIS OR-
BIS. Coh. 100. VIRTVS AVG. Coh. 109. 3 ps. t.b.c.

703 Denier. VIRTVS AVGG. Philippe et son fils galopant à dr. dans
le champ E. Coh. 110. Beau. Rare.

704 Lot intéressant de 18 deniers, plusieurs. t.b.c.

705 G.B. AEQVITAS AVGG S. C. Coh. 125. ANNONA AVGG S. C.
Coh. 131 et un G. Br. de Gordien le Pieux. 4 ps.

706 G.B. LAET FVNDATA S. C. La Joie debout. Coh. 150. t.b.c.
Patine.

707 G.B. SALVS AVG . S . C. La Santé debout. t.b.c. patine. G.B.
SAECVLARES AVGG S . C. Cerf à dr. Coh. 191 et un G.B. a.b.c.

708 M.B. d'Antioche et M.B. d'Alexandrie. 2 ps.

709 **Otacilie.** Denier. CONCORDIA AVGG. Coh. 3. t.b.c.

710 Denier. PIETAS AVGVSTAE. La Piété debout. Coh. 20. Beau.

711 G.B. PIETAS AVGVSTAE S . C. Coh. 56. a.b.c.

712 G.B. PVDICITIA AVG S . C. La Pudeur assise à g. Coh. 59. t.b.c.

713 G.B. SAECVLARES AVGG S . C. Hippopotame à dr. Coh. 65.
a.b.c. Rare.

714 **Philippe fils.** Denier. PRINCIPI IVVENT. Philippe debout à dr.
Coh. 33. b.c.

715 G.B. LIBERALITAS AVGG III . S . C. Les deux empereurs assis.
Coh. 56, Avers. beau, revers. a.b.c. patine.

716 G.B. PRINCIPI IVVENT S . C. Philippe debout à dr. Coh. 66. t.b.c.

717 **Trajan Dèce.** Denier. ADVENTVS AVG. Trajan Dèce à cheval à g
Coh. 4. t.b.c.

718   Denier. DACIA. La Dacie debout à g. Coh. 11. Beau.

719   Denier. GENIVS EXERC ILLYRICIANI. Coh. 26. b.c.

720   P.B. S . C. Mars debout. Coh. 102. b.c.

721   **Etruscille.** Denier. PVDICITIA AVG. La Pudeur assise à g.
      Coh. 12. t.b.c.

722   **Hérannius.** Denier. SPES PVBLICA. L'Espérance à g. Coh. 23. b.c.

723   G.B. PRINCIPI IVVENTVTIS S . C. Hérennius debout à g. Coh.
      33. b.c. patine.

724   **Trébonien Galle.** M.B. fr. à Seleucie Pieria. t.b.c.

725   **Volusien** Denier. PIETAS AVGG. Coh. 48. b.c.

726   Denier. P . M . TR . P . IIII . COS . II. Coh. 52. Beau.

727   Même pièce. t.b.c

728   **Valérien Père.** Billon. IMP . C . P . LIC . VALERIANVS AVG.
      Son buste radié à dr. Rev. FELICITAS SAECLI (sic). Compz.
      Cohen 43. t.b.c.

729   Billon. RESTITVT ORIENTIS. L'Orient et Valérien debout. Coh.
      119. t.b.c.

730   Billon. VICTORIA AVGG. Victoire tenant une couronne et une
      palme. Coh. 142. t.b c.

731   **Gallien.** Billon. ABVNDANTIA AVG. Coh. 28. INDVLGENTIA
      AVG. Coh. 200 IOVI STATORI. Coh. 233. PAX AVG. Coh. 393.
      P . M . TR . P VII . COS. Coh. 437. SECVRIT PERPET. Coh.
      518 sans le cuirasse. 4 ps.

732   Billon. ABVNDANTIA AVG. Coh. 28. AETERNITAS AVG. Coh.
      41. BON . EVEN . AVG. Coh. 74. MARTI PACIFER. Coh. 352
      et ORIENS AVG. Coh. 373. 4 ps.

733   Billon. APOLLINI CONS . AVG. Centaure à g. Coh. 59 et APOL-
      LINI CONS . AVG. Griffon à g. Coh. 61. 2 ps.

734   Billon. DIANAE CONS . AVG. Cerf à dr. et Cerf à g. Coh. 106
      et 107 et Antilope à g. Coh. 109. 3 ps.

735   Billon. IMP GALLIENVS AVG. Son buste radié à dr. avec le
      paludament. Rev. FIDES EXERCIT. La Foi debout à g. Compz.
      Coh. 144. t.b.c.

736   Billon. GERMANICVS MAX . V. Coh. 188 et 189. 2 ps.

737   Billon. IOVI CONS AVG. Chèvre marchant à dr. et à g. Coh
      204 et 206. 3 ps.

738   Billon. NEPTVNO CONS AVG. Hippocampe à dr. Coh. 366. b.c.

739   Billon. SOLI . CONS . AVG Pégase à dr. Coh. 525. t.b.c.

740   Billon. GALLIENVS AVG GERM V. Son buste radié à g. Rev.
      VICT GERMANICA. Victoire courant à dr. sur un globe à côté
      deux Germains. Compz. 623. b.c.

741   Billon. VIRTVS AVGVSTI. Hercule debout. Coh. 690. Beau.

742   Lot de 13 deniers, intéressant.

743   Gallien et Victorin. 2 pièces. P.B.

744 M.B. VIRTVS AVG S . C. La Valeur debout à g. Coh. 857. b.c.
y ajouté. G.B. Avers. b.c. rev. a.b.c. patine.

745 **Salonine**. Billon. CONCORDIA AVGG. Coh. 22. FECVNDITAS
AVG. Coh. 30. IVNO REGINA. Coh. 46. IVNONI CONS . AVG.
Biche à g. Coh. 51. 5 ps.

746 Billon. FECVNDITAS AVG. Coh. 30. VENVS FELIX. Coh. 78. 3 ps.

747 Billon. PIETAS AVG. Coh. 55. FELICITAS PVBLICA. Coh. 38.
VENVS FELIX. Coh. 78. VESTA. Coh. 91 etc. ensemble. 7 ps.

748 G.B. Son buste diadémé à dr. Rev. PIETAS AVGG S . C. La
Piété assise à g. Coh. 112. a b.c.

749 **Postume**. Billon. FELICITAS AVG. Coh. 27. LAETITIA AVG
(2 var.). Coh. 83. 3 ps.

750 Billon. SALVS PROVINCIARVM. Coh. 166 et M.B. Coh. 226. 2 ps.

751 Lot intéressant de 9 pièces, billon.

752 **Victorin Père**. Billon. PAX AVG. Coh. 48 et SALVS AVG. Coh.
65. 2 ps.

753 **Victorine**. P.B. IMP VICTORIA AVG. Tête casquée à dr. Rev.
CONSECRATIO. Aigle. Compz. Cohen VI, p. 75 note. b.c. fort rare.

754 **Claude II**. P.B. CONSECRATIO. Aigle. Coh. 49 et CONSECRATIO.
Autel. Coh. 51. 2 ps.

755 Billon. SALVS AVG. La Santé debout tenant une corbeille. Coh.
185. t.b.c.

756 P.B.Q. MEMORIAE AETERNAE. Lion à dr. à l'ex. R Q. Coh.
131. t.b.c.

757 P.B.Q. MEMORIAE AETERNAE. Aigle deb. regardant à g. à l'ex.
A Q. Coh. 133. t.b c.

758 **Quintille**. Billon. FIDES MILITVM. La Foi debout. Coh. 22. b.c.
Billon. TEMPORVM FELI. La Félicité debout. Coh. 50. b.c.

759 **Aurélien**. M.B. CONCORDIA AVG. Séverine et Aurélien debout.
Coh. 42. a.b.c.

760 P.B. CONCORDIA MILITVM. Coh. 73, FORTVNA REDVX. Coh.
100. ORIENS AVG. Coh. 132. RESTITVTOR ORBIS. Coh. 177.
ROMAE AETERNAE. Coh. 182. VIRTVS MILITVM. Coh. 212.
Ensemble. 8 ps.

761 P.B. VICTORIA AVG. Victoire marchant à g. devant elle un captif. Coh. 200. Beau.

762 P.B. Même pièce. t.b.c.

763 **Séverine**. P.B. CONCORD MILIT. La Concorde assise à g. tenant
une patère et une corne d'abondance. Coh. 7. t.b.c.

764 **Tacite** P.B. PROVIDENDEOR. Coh. 89. ROMAE AETER. Coh.
78. 2 ps.

765 **Probus**. P.B. ADVENTVS AVG. Coh. 125. CLEMENTIA AVG.
Coh. 154. COMES AVG. Coh. 168. CONCORD MILIT. Coh. 211.
IOVI CONS PROB AVG. Coh. 306. MARS VICTOR. Coh. 317.
SECVRIT PERP. Coh. 488. PAX AVG. Coh. 339. SALVS AVG.
Coh. 461. SOLI INVICTO. Coh. 526. SOLI INVICTO. Coh. 503.

VICTORIA GERM. Coh. 575. VIRTVS AVG. Coh. 610. VIRTVS
PROBI AVG. Coh. 654. VIRTVS PROBI AVG. Coh. 667. Lot
intéressant de 16 pièces.

766 P.B. VIRTVS PROBI AVG. Trophée entre deux captifs. Coh. 675.
Beau.

767 P.B. VIRTVS PROBI AVG. Trophée. Coh. 676. t.b.c.

768 **Carus.** P.B. CLEMENTIA TEMP. Carus debout recevant un globe
de Jupiter. Coh. 33. t.b.c.

769 **Numérien.** P.B. PROVIDENT AVGG. Coh. 65. a.b c.

770 P.B. VNDIQVE VICTORES. Numérien debout à g. Coh. 83. t.b.c.

771 **Carin.** P.B. AEQVITAS AVG. L'Equité debout. Coh. 46. t.b.c.

772 P.B. FIDES MILITVM. La Foi debout. Coh 63. PIETAS AVG.
Coh. 88. 2 ps.

773 P.B. PIETAS AVGG. Vase à sacrifice. Coh. 90. t.b.c.

774 **Dioclétien.** M.B. FELIX ADVENT AVGG N . N. Coh. 151. GENIO
POPVLI ROMANI. Coh. VII, n. 17 mais son buste à dr. MONETA
S . AVGG etc Coh. 274. SALVIS AVGG etc. Coh. 323. 4 ps.

775 P.B. IOVI AVGG. Coh. 204. IOVI CONSERVAT. Coh. 233. IOVI
CONSERVATORI AVGG. Coh. 251. IOVI CONSERVAT AVGG.
Coh. 246. PROVIDENT AVG. Coh. 298.

776 P.B. IMP . C . DIOCLETIANVS P AVG. Son buste radié à g. Rev.
IOVI TVTATORI AVGG. Coh. VII, n. 28. t.b.c.

777 P.B. Son buste à dr. Même revers. Coh VII, 29. t.b.c.

778 Billon. IOVI CONSERVATORI. Jupiter debout. Coh. 248. Beau.

779 P.B.Q. IOVI CONSERVAT AVGG. Jupiter debout à g. Coh. 239. t.b.c.

780 M.B. D . N. DIOCLETIANO BAEATISSIMO SEN . AVG. Coh.
311. t.b.c.

781 M.B. D . N . DIOCLETIANO FELICISSIMO SEN . AVG. Rev.
PROVIDENTIA DEORVM QVIES AVGG. Coh. 313. t.b.c.

782 M.B. QVIES AVGG femme debout. Coh. 315. t.b.c.

783 M.B. SACRA MONET AVGG. etc. Coh. 320. Beau.

784 M.B. SALVIS AVGG ET CAESS AVCTA KART. Femme debout.
Coh. 322. t.b.c.

785 **Maximien Hercule.** P.B. CONCORDIA MILITVM. Coh. 164. M.B.
CONSERVATORES VRB . SVAE. Coh. 178. M.B. GENIO POP
ROM. Coh. 204. M.B. GENIO POPVLI ROMANI. Coh. 239. SAL-
VIS AVGG ET CAES FEL KART. Coh. 385. 5 ps.

786 M.B. FIDES MILITVM AVGG ET CAES NN. Coh. 196. GENIO
POPVLI ROMANI. Coh. 225. GENIO POP ROM. Coh. 209. PRO-
VIDENTIA DEORVM QVIES AVGG. Coh. 369. 4 ps. t.b.c.

787 P.B.Q. MEMORIAE AETERNAE. Lion a dr. Coh. 325. Patine
verte. Beau.

788 P.B. HERCVLI PACIFERO. Hercule debout. Coh. 275. Beau. P.B.
REQVIES OPTIMOR MERIT. Coh. 371. b.c. VOT XX. Coh. 457.

789 P.B. fr. à Alexandrie d'Egypte. b.c.

790 P.B. inédit MAXIMIANVS NOB . C. Son buste radié à dr. avec le paludament. Rev. VOT . XX . A dans une couronne. t.b.c.

791 **Constance Chlore** P.B. CONCORDIA MILITVM. Coh. 88. VOT XX dans une couronne. Coh. 261. 2 ps.

792 M.B. GENIO POPVLI ROMANI. Coh. 123. Beau.

793 M.B. MEMORIA FELIX. Temple à quatre colonnes. Coh. 182. t.b.c

794 **Maximin II Daza.** M.B. GENIO CAESARIS. Coh. 59. **Licinius Père.** P.B. Coh. 102, 2 var. et P.B. Coh. 134.

795 **Maxence.** M.B. AETERNITAS AVGN. Coh. 32 et 36. P.B. VICTORIA AETERNA AVG N. Coh. 97. 3 ps.

796 M.B. VICTORIA AETERNA AVG N. Victoire marchant à g. Coh. 91. t.b.c.

797 P.B. Sa tête laurée à g. Rev. VICTORIA AETERNA AVG N et VOT XX . FEL sur le bouclier. Coh. 99. t.b.c.

798 **Licinius Père.** P.B. Coh. 89. **Licinius fils.** P.B. Coh. 14. P.B. Coh. 25. P.B. Coh. 28. P.B. Coh. 37. P.B. Coh. 50, 52 et 53. 8 ps.

799 **Constantin I le Grand.** P.B. BEATA etc. Coh. 192 et 194. Coh. 246 et 252 GLORIA EXERCITVS. Coh. 317. M.B. MARTI PATRI PROPVG. Coh. 388. P.B. PROVIDENTIAE AVGG. Coh. 433. P.B. SARMATIA DEVICTA. Coh. 451. (2 var.) SOLI INVICTO COMITI. 2 ps. P.B. Coh. 511, 512, 524. Lot intéressant ensemble. 20 pièces.

800 P.B. MARTI CONSERV. Mars casqué à dr. Coh. 360. t.b.c.

801 M.B. SALVIS AVGG ET CAESS FEL KART. Femme debout. Coh. 449. t.b.c.

802 P.B. CONSTANTINVS P AVG. Son buste lauré à dr. avec la cuirasse. Rev. SPES REIPVBL. Constantin à cheval à g. devant lui un captif assis. Coh. 486. t.b.c. Rare.

803 *Constantinople.* P.B. Coh. 15. *Rome.* Coh. 13. *Rome.* P.B. Coh. 13. Belle patine verte. 3 ps.

804 *Le Peuple romain.* P.B.Q. Pont surmonté de deux tours et CONS . S. Coh. 1. b.c.

805 — P.B.Q. Etoile et CONSIA. Coh. 2. b.c.

806 — P.B.Q. Etoile et CONSS. Coh. 2. t.b.c.

807 **Fauste.** P.B. Son buste coiffé à dr. Rev. SPES REIPVBLICAE. Coh. 15. b.c.

808 **Crispe.** P.B. BEATA TRANQVILLITAS. Coh. 32. VIRTVS EXERCIT. Coh. 129. 2 ps.

809 P.B. FL IVL CRISPVS NOB CAES. Son buste lauré à g. avec le paludament. Rev. PROVIDENTIAE AVGG. Porte de camp, à l'ex. PLC. Manque à Cohen. t.b.c.

810 P.B. CRISPVS NOBIL C. Son buste casqué à dr. Rev. VIRTVS EXERCIT. Etendard avec VOT XX entre deux captifs, manque à Cohen. t.b.c.

811 **Constantin II le Jeune.** P.B. GLORIA EXERCITVS. Deux soldats debout. Coh. 136. Belle patine verte.

812   Lot intéressant de 12 médailles. P.B.
813   **Constant I.** M.B. Coh. 121 et quatre P.B. ensemble 5 ps.
814   **Constance II.** Denier. VICTORIA AVGVSTORVM. Victoire marchant à g. Coh. 104 troué. b.c.
815   P.B. PROVIDENTIAE CAESS. Porte de camp. Coh. 252. Beau.
816   Lot de 3 M.B. et un P.B. 4 pièces.
817   **Magnence.** G.B. SALVS DD . NN . AVG ET CAES dans le champ PX en monogr. Coh. 42. b.c.
818   M.B. Lot de 7 pièces.
819   **Julien II.** Denier. VICTORIA DD . NN . AVG. Coh. VII, n. 2. b.c.
820   Denier. VOTIS VMVLTIS X et à l'ex. SCON. Compz. Coh. 31. t.b.c.
821   Denier, à l'exergue TCON et SCON. Coh. 36. t.b.c. 2 ps.
822   Denier, à l'exergue TR. Coh. 32. t.b.c
823   Denier. VOT . X . MVLT . XX à l'ex. CONST. Coh. 39. t.b.c.
824   G.B. SECVRITAS REIP. Le boeuf Apis deb. Coh. 73. a.b.c.
825   **Valentinien I.** Sou d'or. RESTITVTOR REIPVBLICAE à l'ex. ANTB. Coh. 22. Or. t.b.c.
826   P.B. et P.B. de Valentinien II. 2 ps.
827   **Valens.** Argent. VOT V MVLTX et à l'ex. R.B. Coh. 55. b.c.
828   --- VRBS ROMA à l'ex. TRPS. Coh. 62. Ar. Beau.
829   P.B. GLORIA ROMANORVM. Coh. 64 et RESTITVTOR REIP. Coh. 69. 2 ps. patine verte.
830   **Gratien.** Argent VRBS ROMA à l'ex. TRP . S. Coh. 46. b.c. troué.
831   P.B. GLORIA RONANORVM. Coh. 55. 2 ps. variées belles.
832   P.B.Q. VOT XV . MVLT . XX. Coh. 71. t.b.c.
833   P.B.Q. VOT XX . MVLT XXX. Coh. 72. t.b.c.
834   **Théodose I.** Sou d'or. CONCORDIA AVGGG. Coh. 14. t.b.c.
835   M B. GLORIA ROMANORVM. Coh. 41. t.b.c.
836   **Maxime.** Denier. VIRTVS ROMANORVM. Rome assise à l'ex. MDPS. Coh. 12. t.b.c. troué.
837   **Honorius.** Sou d'or. Coh. 21 avec R.V. t.b.c.
837a Denier. VIRTVS ROMANORVM à l'ex. MDPS. Coh. 32. t.b.c.
838   P.B.Q. SALVS REIPVBLICAE. Victoire à g. Coh. 54. b.c.
839   **Valentinien III.** Sou d'or VICTORIA AVGGG. Coh. 14. t b.c.
840   Lot intéressant de 30 M.B. et P.B. du haut Empire.
841   Lot intéressant de Potins et bronzes coloniales. 12 ps.
842   Lot intéressant de G.B. et M.B. des divers époques. 30 ps.
843   Lot pareil. 30 ps.
844   Lot pareil 26 pièces, contenant 4 pièces contremarquées.
845   Lot de deniers, 25 pièces, intéressant.

TESSÈRES.

846 Tête laurée d'Octave Auguste à g. dans un double grénétis. Rev.
AVG (AV en monogramme) dans un double grénétis. Beau.
847 TVN dans le champ. Rev. Deux figures armées. b.c.
848 L . COS. Hercule combattant le monstre. Rev. L . COS. Victoire
dans un bige à dr. t.b.c.
849 Même pièce plus petite. b.c.
850 XI dans le champ. Rev. Homme nu debout. t.b.c.
851 A II dans un grénétis. Rev. Homme et femme dans un lit. t.b.c.

MÉDAILLES INCUSES.

852 **Aemilia**. Denier. ROMA. Buste de la déesse Rome laurée et diadémée à dr. derrière. * Rev. La même, incuse. (Bab. I, n. 7.) t.b.c.
853 **Cassia**. Denier. CAECIAN. Tête de Cérès à g. couronnée d'épis.
Rev. Incuse. (Bab. I, n. 4.) b.c.
854 **Claudia**. Denier. Tête de la déesse Rome à dr. coiffée du casque
ailé. Rev. Incuse. (Bab. n. 1.) t b.c.
855 **Curtia**. Denier. Q . CVRT. Tête de la déesse Rome à dr. coiffée
du casque ailé derrière X. Rev. Incuse. (Bab. 1,) t.b.c.
856 **Fonteia**. Denier. Tête laurée et bifrons de Fontus, à dr. * à gauche
S. Rev. Incuse. (Bab. 1.) a.b.c.
857 Denier. P . FONTEIVS . P . F CAPITO III . VIR. Buste casqué
de Mars à dr. avec un [trophée sur l'épaule. Rev. Incuse. (Bab.
17.) t.b.c.
858 **Hostilia**. Denier. Tête de Pavor avec de longs cheveux en désordre,
à droite, derrière un carnyx. Rev. Incuse. (Bab. 4.) t.b.c.
859 **Nasidia**. Denier. NEPTVNI. Tête nue de Pompée à droite devant
un trident, dessous un dauphin. Rev. Incuse. (Bab. 1). Beau
860 **Porcia**. Quinaire M . CATO PRO . PR. Tête de la Liberté à dr.
Rev. Incuse. (Bab. 11.) t.b.c.
860a **Sulpicia**. Denier. D . P . P. Têtes accolées des Dieux Pénates à
gauche. Rev. Incuse. (Bab. 1.) Beau.
861 **Thoria**. Denier. 1 . S . M . R. Tête de Junon à dr. couverte de
la peau de chèvre. Rev. Incuse. (Bab. 1). t.b.c.
862 Denier. Tête de la déesse Rome à droite coiffée du casque ailé
surmonté d'une tête d'aigle, derrière X. Rev. Incuse. t.b c.
863 Denier. Même tête sans chiffre derrière la tête. Rev. Incuse. b.c.
864 Denier. ROMA. Tête de la déesse Rome à dr. surmontée du casque
ailé. Rev. Incuse. b.c.

865 Denier. ROMA Tête de la déesse Rome casquée à dr. devant. *
Rev. Incuse. b.c.
866 **Octave Auguste**. Denier. Sa tête nue à dr. sans légende. Rev. La
même incuse. t.b.c.
867 — Denier. AVGVSTVS DIVI F. Sa tête nue à dr. Rev. incuse. b.c.
868 **Vespasien**. M B. IMP CAES VESPASIAN · · · · · Sa tête laurée
à dr. Rev. La même incuse. b.c.
869 **Probus**. P.B. IMP . C . PROBVS P . F . AVG. Son buste radié
et lauré à dr. avec le paludament. Rev. Incuse. b.c.

MÉDAILLES DES PADOUANS.

870 **Pompée**. Médaillon en bronze. MAG PIVS . IMP . ITER. Tête nue
à dr. Rev. PRAEF . CLAS . ET ORE MARIT . EX S . C. Têtes
affrontées de Pompée et son fils. Mm. 34. t.b.c.
871 **Octave Auguste**. Médaillon en bronze. DIVVS AVGVSTVS PATER.
Sa tête laurée et radiée à g. Rev. S . C. Temple rond de chaque
côté une base surmontée d'un veau et d'un agneau. Mm. 34. b c.
872 **Tibère**. Deux médaillons en bronze à son buste à g. t b.c.
873 **Néron**. Trois médaillons en bronze à son buste à dr. t.b.c.
874 **Othon**. Médaillon en argent IMP . OTHO . CAESAR . AVG . TRI .
POT. Sa tête à dr. Rev. SECVRITAS . P . R . S . C. Othon
suivi de trois soldats donne la main à la Sécurité. Mm. 35. Ar. t.b.c.
875 **Vespasien**. Méd. en bronze. Sa tête laurée à dr. Rev. ROMA
RESVRGES S . C. Vespasien donne la main à Rome agenouillée
présentée par un soldat. t.b.c.
876 **Aelius**. Médaillon en bronze. AELIVS CAESAR. Son buste à dr.
Rev. PANNONIAE CVRIA AEL S . C. Aelius assis reçoit une
Victoire de la Pannonie. Mm. 33. Superbe.
877 **Autinous**. Médaillon grec à sa tête à dr. Mm. 38. Bronze.
878 **Antonin le Pieux**. ANTONINVS AVG PIVS P . P TR . P . XVI.
Son buste lauré à dr. avec le paludament. Rev. COS III. Antonin
debout offre une palme à Mars assis couronné par la Victoire.
Mm. 34. Bronze. Superbe.
879 **Faustine Jeune**. Son buste à dr. avec le paludament. Rev. S . C.
Trois hommes et trois Vestales sacrifiant sur un autel. Mm. 34.
Br. b.c.
880 **Aelius**. Médaillon en bronze au buste à dr. Mm. 36. b.c.
881 **Géta**. Son buste lauré cuirassé à dr. Rev. S . C. Mars casqué
marchant à dr. tenant trophée et haste. Mm. 37. Br. Beau.

MONNAIES BYZANTINES.

Notices d'après J. Sabatier. Monnaies byzantines, Paris 1862.

882 **Arcadius**. Triens. VICTORIA AVGVSTORVM dans le champ MD à l'ex. COM. Sabatier n. 22. Or. t.b.c.

883 Argent. VIRTVS ROMANORVM à l'exergue TRPS. Sab. n. 27. t.b.c.

884 Même pièce à l'ex. MD . PS. a.b.c.

885 Ae. SALVS REIPVBLICAE. Sab. 41. VOT—V et VOT—X MVLT—XX. Sab. 47 et 48. 3 ps.

886 **Théodose II**. Ae au buste de face. Rev. CONCORDIA AVGG. Sab. 25. b.c.

887 **Marcien**. Tiers de sou d'or. VICTORIA AVGVSTORVM. Sab. n. 8. Or. t.b.c.

888 Ae. Monogramme dans une couronne. Sab. n. 11. b.c.

889 **Pulchérie**. Tiers de Sou. AEL PVLCHERIA AVG. Son buste à dr. Rev. Longue croix dans une couronne. Sab. n. 9. Or. t.b.c.

890 **Léon I**. Sou d'or. VICTORIA AVGGG . B. Sab. 4. Or. t.b.c.

891 **Anastase I**. Follis au buste à dr. var. de Sab. n. 13 avec M accosté de deux étoiles. Mm. 33. t.b.c.

892 Même pièce. Mm. 31. t.b.c.

893 Demi Follis. Sab. n. 19. t.b.c.

894 Demi Follis. Sab. n. 20. t.b.c.

895 Quart de follis. Sab. n. 24. Ae. t.b.c.

896 **Justin I**. Argent inédit. D . N . IVSTINVS P P . AVG. Son buste diadémé à dr. Rev. GLORIA ROMANORVM. L'empereur nimbé debout tenant globe et sceptre. Mm. 18. b.c. fort rare.

897 Follis. Indice M accosté de deux étoiles à l'exergue NIKM. t.b.c.

898 Ae. I—B. Sab. 56. t.b.c.

899 **Jutinien I**. Sou d'or. Son buste de face tenant une lance. Rev. VICTORIA AVGGG A. Victoire debout à g. tenant une longue croix et relevant sa robe. Manque à Sabatier. Or. t.b.c.

900 Sou d'or. Sab. 3. Or. b.c.

901 Tiers de Sou d,or. Sab. 6. Or. t.b.c.

902 Silique VOT—MVLT—IITI dans une couronne. Sab. n. 10. b.c.

903 Silique Monogr. du Christ entre deux étoiles. Sab. n. 11. t.b.c.

904 Silique CN dans une couronne. Sab. 12. Ar. b.c.

905 **Monnaies des Ostrogoths**. Théodoric. Tiers de sou d'or à la tête de Justin I. DN IVSTNAVS PP AVG. Rev. VITONA AVGVSTO ·T· (heodoricus). Victoire à dr. à l'ex. COMOB. t.b.c.

906 Argent à la tête de **Justinien I**. DN IVSTINIANVS. Buste diadémé à dr. Rev. Monogr. de Théodoric. Sab. n. 8. t.b.c.

907 **Athalaric.** Argent à la tête de Justin 1. DN . IVSTINVS . P . F A. Sa tête à dr. Rev. DN—ATHALARICVS—REX dans une couronne. Sab. 6. t.b.c. Rare.

908 **Theodatus.** Argent à la tête de Justinien I. Sa tête diadémée à dr. DN IVSTINIAN AVG. Rev. Dans une couronne, monogr. Sab. 5. t.b.c. Rare.

909 Ae. DN . THEODA—HATVS REX et INVICTA ROMA. Sab. 4. a.b.c.

910 **Baduela.** Ae. DN BADVELA REX. Buste de face. Rev. dans une couronne. DNB—ADV—ELA—REX. Sab. n. 3. Ae. a.b.c.

911 Ae var. avec DNB—ADV—ILA—REX. Ae. a.b c.

912 Ae. FLOREAS SEMPER. Guerrier deb. à dr. Sab. 5. Ae. b.c. Rare.

913 Ae. FELICI TICINVS. Tête tourelée à dr. Rev. DN—BADV—ILA—REX. Sab. 6. t.b.c.

914 **Monnaies frappées à Rome.** Ae. INVICTA ROMA. Buste casqué de Rome à dr. Rev. Aigle à g. Sab. p. 210, n. 1. b.c.

915 Rev. La louve à g allaitant Romulus et Rémus. Sab. n. 2. t.b.c. patine.

916 **Hildéric** roi vandale. Argent DN HILDIRIX REX. Son buste à dr. Rev. FELIX KARTG. Femme debout à dr. Sab. n. 1. Ar. t.b.c. Rare.

917 **Justin II.** Silique. DN . IVSTINVS PP . AVG. Son buste de face. Rev. FELIX—RES—PVBL dans une couronne. Sab. n. 3. Ar. b.c. Rare.

918 Ae. Buste de face. Rev. K . ANNO D et à l'ex. TES. Compz. Sab. n. 6. t.b.c.

919 **Maurice Tibère.** Tiers de Sou DN MAVRI TIB P P AVG. Rev. Rev. VICTORIA AVGVSTORVM. Sab. n. 5. Or. Beau.

920 **Héraclius I.** Demi Sou d'or type plus petit que. Sab. pl. XXVIII. Rev. Croix potencée sur un globe. Or. t.b.c. Inédit.

921 **Héraclius** et **Héraclius Constantin.** *Miliarésion.* DEVS ADIVTA ROMANIS. Croix posée sur un globe. Sab. 59. Ar. b.c.

922 **Constant II. Miliarésion.** Sab. n. 6. Ar. b.c.

923 Argent. DN CONTA P . AVG. Buste de face. Rev. Croix pattée accostée de deux globules. Sab. n. 8. Rare.

924 Argent. CONSTAN AV. Buste de face. Rev P - P Sab. 10. Rare.

925 **Constant II** et **Constantin Pogonat** Miliarésion. Sab. n. 3. Ar. b.c. rare.

926 **Constantin IV Pogonat.** Tiers de Sou d'or. DN CONSTANTINYS PP Av. Son buste à dr. Rev. VICTORIA AVGYC. Croix potencée sur un degré, dans le champ ⌐ et à l'ex. CONOB. Mm. 15.50. Or. Beau. Inédit.

927 Tiers de Sou d'or module plus petit. Mm. 14. Or. Beau. Inédit.

928 Tiers de Sou d'or. Rev. VICTORIA AVGYO dans le champ C.
     Mm. 15. Or. t·b.c. Inédit.

929 **Justinien II Rhinotmète.** Sou d'or. VICTORIA AVGIVS Compz.
     Sab. n. 6. Or. t.b.c.

930 **Léon III** et **Constantin V.** Sou d'or. Sab. n. 16. Or. Beau.

931 Sou d'or blanc de fabrique italienne. Sab. n. 20, ébréché.

932 **Constantin V** et **Léon IV.** Sou d'or. Buste de Léon III de face, rev.
     bustes de Constantin V et Léon IV de face. Sab. 1. Or. t b.c. Rare.

933 Même pièce, petit trou. t.b.c.

934 **Léon IV.** Sou d'or aux quatre bustes. Sab. n. 2. Or. t.b c.

935 **Basile I** et **Constantin VIII.** Solidus d'argent. Sab. n. 8. Ar. Beau.

936 **Leon VI.** Solidus d'argent. Sab. n. 2. Ar. t.b.c. Rare.

937 Follis. Sab. n. 3. Ae. 2 ps.

938 **Rcmain I, Constanti X, Etienne** et **Constantien.** Solidus d'argent.
     Sab. 8. Ar. t.b.c. fort rare.

939 **Romain I, Christophe** et **Constantin.** Solidus d'argent. Sab. n. 11. t.b.c.

940 **Constantin X** et **Romain II.** Solidus d'argent. Sab. n. 16. t.b.c.

941 **Nicephore Focas.** Solidus d'argent. Sab. n. 4. Ar. Beau.

942 Même pièce. t.b.c.

943 **Jean I Zimiscès.** Solidus d'argent. Sab. n. 3. t.b.c.

944 Follis. Sab. n. 8. 2 ps. Ae.

945 **Basile II** et **Constantin XI.** Solidus d'argent. Sab. 7. Ar. t.b.c. Rare.

946 **Coustantin XII Monomaque.** Argent. EVCEBH MONOMAKON. L'em-
     pereur debout tenant une longue croix et une épée. Rev. La vierge
     nimbée debout. Sab. n. 8. Ar. a.b.c. fort rare.

947 **Théodora.** Sou d'or. OEODW AVG. Buste de face et diadémé de
     l'impératrice. Rev. Le Christ entre IC XC. Sab. n. 2. Or. t.b.c.
     Extrêmement rare.

948 **Constantin XIII Ducas.** Argent à la Vierge nimbée debout de face.
     Sab. n. 6. b.c. fort rare.

949 **Jean II Comnène.** Sou d'or concave Or. b.c.

950 **Andronic II** et **III.** Argent. Sab. n. 35. b.c. Rare.

951 **Empire de Trébizonde. Manuel I Comnène.** Aspre. Coh.
     n. 4. t.b.c.

952 Aspre var. de Coh. n. 4. Ar. t.b.c. Rare.

953 **Jean II Comnène.** Aspre. Sab. n. 1. Ar. Beau.

954 Lot de 5 aspres variés et deux autres pièces byzantines. Ar. 7 ps.
     Lot fort intéressant.

955 **Théodora Comnène.** Aspre. Sab. n. 2. t.b.c. Rare.

956 **Alexis II Comnène.** Aspre. L'empereur à cheval. Sab. n. 2. Ar. t.b.c.

957 Lot intéressant de 23 monnaies byzantines et trois monnaies
     romaines. Ensemble. 26 ps.

PIÈCES OMISES.

958 **Claudia**. Denier. Bab. 15. Ar. t.b.c.
959 **Furia**. Denier. Bab. 13. Beau.
960 **Julia**. Denier. CAESAR. Trophée. Bab. 26. Ar. Beau.
961 **Licinia**. Denier. Buste de Rome à g. Rev. P . NERVA. Trois citoyens debout. Bab. 7. Ar. Beau.
962 Quinarius incusus. Tête de Minerve casquée à dr. derrière IIS. Rev. Incuse. Ar. t.b.c.
963 **Domitien**. Denier IMP XIIII COS XIII CENS PP . P. Coh. 152. Ar. Beau.
964 **Mamée**. Denier. FELICITAS PVBLICA. Coh. 5. Ar. Superbe.
965 **Julien II**. Denier. VOTISV . MVLTIS X à l'ex. TCON. Coh. 33. Superbe.
966 **Valentinien III**. Aureus. Coh. 11. Or. t.b.c.

MÉDAILLES ET JETONS HISTORIQUES.

967 1521. Jeton. Victoire de **Charles V**. v. Mieris II, p. 142, n. 2. Dugniolle n. 1144. Ae. b.c.
968 1535. Traité de Smalkalde au buste presque de face de **Johann Friedrich** électeur de **Saxe** par Reitz, v. Mieris II, p. 429, n. 1 Mm. 63. Ar. brunie.
969 1553. Jeton. Allusion au supplice de **Michel Servetius**. SCHALC . . TRECKT . VT . VWEN . BALCK. Deux hommes debout à l'ex. LV . VI. Rev. ✕ WAT . BAT . KERS . OF . BRIL . DI . NIET . SIEN . EN . WIL. Hibou devant une chandelle en bas H . W. Var. de Dugniolle 1942 et de v. Mieris III, p. 341, n. 2. Ar. bc. fort rare.
970 1552. Médaillon uniface au buste à g. de **Jean Calvin** le célèbre réformateur. IOANNES . CALVINVS . Æ . SVÆ . XLVIII . QVOVSQ . DOMINE . A 1552. Mm. 59. Etain. Beau.
971 S.d. Médaille au buste drapé à g. de **Marie de Bohème** fille de Charles V. MARIA AVSTR REG BOEM CAROLI V IMP FI. Rev. CONSOCIATIO RERVM DOMINVS. Compz. pour le revers v. Loon I, p. 122—130, n. 1. Mm. 73. Etain.
972 S.d. Médaillon uniface au buste nu drapé à g. de **Philippe II** roi **d'Espagne** sans légende. Mm. 35. Ae. Inédit.
973 1561. Jeton de la chambre des Comptes à **La Haye**. Dugn. 2287. Ae. t.b.c.

974   1562. Médaille au buste avec barette à dr. du chancelier **Viglius Zuichem ab Ayta**. Rev. Ses armoiries VITA MORTALIVM VIGILIA. v. Loon I, p. 56 54, n. 2. Mm. 50. Ar. Coulée, Rare.

975   1568. Décapitation des comtes **d'Egmont** et de **Hornes** à Bruxelles. Leurs têtes superposées à dr. par Jouvenel. Mm. 46. Br. Belle.

976   1571. Bataille de Lépante. Jeton aux bustes opposés de **Philippe II** et **d'Anne**. Dugn. 2538, v. Loon I, p. 142—140, n. 3. Ae. t b.c.

977   1575. Constance de la Belgique. Jeton v. Loon I, 212—209. Dugn. 2656. Ae. t.b.c.

978   1575. Jeton. Différends au sujet du culte catholique. Dugn. 2650. v. Loon I, p. 208 205, n. 1. Ar. t.b.c.

979   1576. Pacification de **Gand**. Les armoiries de **Gueldre** et de **Zutphen** entourées de 13 autres écussons. Rev. Lég. en 7 lignes. v. Loon I, 222 218. Mm. 45. Ar. Belle Rare.

980   1580. Jeton. Elévation de **Guillaume le Taciturne** au Stadhoudérat. Dugn. 2811. v. Loon I, p. 283 278, n. 3. Ae. t.b.c.

981   1583. Jeton. Le duc **d'Anjou**. Aversion des Gantois. Dugn. 2940, v. Loon I, 331—325, n. 2. Ar. t.b.c.

982   1585. Jeton. Secours de la reine Elisabeth d'Angleterre. Dugn. 3044. v. Loon I, 362 355, n. 1. Ae. t.b.c.

983   1587. Famine dans **l'Artois**. Jeton en argent. Dugn. 3143. v. Loon I, 374—373. Ar. Beau,

984   1588. Jeton. L'Armade espagnole détruite. v. Loon I, 392—386, n. 2. Dugn. 3188. Ae. t.b.c.

985   1592. Jeton. Les propositions de paix de l'Empereur refusées. Dugn. 3301. v. Loon I, 428—421, n. 2. Ae. t.b.c.

986   1592. **Coevorde** et **Hasselt** occupées par les troupes des Etats. Médaille satirique. de Vries et de Jonge, pl. VI, 6. Ar. gr. 42. t.b c. Rare.

987   1596. Jeton. Alliance entre la **France**, **l'Angleterre** et les **Pays-Bas**. v. Loon I. 481—471, n. 2. Dugn. 3398. Ar. Beau.

988   — Même jeton en cuivre. Beau.

989   — Même sujet. v. Loon I, 481—471. n. 4. Dugn. 3402. Ar. t.b.c.

990   — Même sujet. v. Loon I, 481—471, n. 3. Dugn. 3400. Ar. Beau.

991   — Même jeton. Ae. t.b.c.

992   1596. Menaces contre la Zélande. Dugn. 3389. v. Loon I, 475—465. Ae. t.b.c.

993   — Perfidie des Espagnols. Dugn. 3393. v. Loon I, 477—467, n. 2. Ae. t.b.c.

994   1597. Victoire de **Turnhout** et les villes **d'Alpen Berg, Meurs, Grol. Bredevort. Enschede, Oldenzaal, Ootmarsum** et **Lingen** prises par le prince **Maurice**, v. Loon I, 497—482, n. 1. Franks p. 170. n. 163. Mm. 52. Belle Rare.

995   1598. Cruauté des Espagnols. D 3445. v. Loon I, 521—508. Ae. Beau.

996   1598. Défaite de **Maurice** par Mendoça près de **Doesburg**. Dugn. 3449. v. Loon I, 519—506, n. 1. Ae. t.b.c.

997   — Mort de **Ph**. **Marnix de St**. **Aldegonde** à Leyde. Son buste à g. par Jouvenel. Mm. 45. Br. Belle

998   1601. Prise de **Rhinberk** et siège **d'Ostende**. Dugn. 3521, v. Loon I, 560—544. Ae. t.b.c.

999   1606. Pusillanimité des Hollandais. v. Loon II, 24, n. 1. Dugn. 3611. Ae.

1000   1608. Jeton. Justification **d'Oldenbarneveld**. Dugn. 3634. v. Loon II, 40. Ae. t.b.c.

1001   Médaille par Jouvenel aux bustes accolés à dr. des Archiducs **Albert** et **Isabelle**. Mm. 45. Br. Belle.

1002   1609. Alliance de **l'Angleterre**, de **la France** et des **Provinces-Unies**. Les trois écussons liés par un ruban. Rev. Légende en dixlignes. Franks p. 197, n. 22. v. Loon II, p. 50, n. 1. Mm. 52. Ar. gr. 46. Belle.

1003   — Alliance de **Angleterre, la France** et des **Provinces-Unies** Le lis, la rose et le lion couronnés. Rev. trois coeurs. Franks p. 198, n. 25. v. Loon II, 50, n. 4. Mm. 52. Ar. gr. 48.5. Belle.

1004   1609. Jeton. Trève de douze ans. Maurice et Spinola se donnant la main. Dugn. 3644. v. Loon II, p. 46, n. 6. Ar. t.b.c. Rare.

1005   — Triple alliance. Dugn. 3649. v. Loon II, p. 50, n. 3. Ae. t.b.c.

1006   1615. **Maurice** prince de **Nassau-Orange** chevalier de l'ordre de la Jarretière. Médaillon oval uniface à son buste cuirassé et drapé presque de face * MAVRITIVS * AVR * PRINC * COM * NASS. lég. int. ET MV MAR . VE . FL . EQ . OR . PERISCELLIDIS, en bas 1615. v. Loon II, p. 87. Franks p. 205, n. 39. Mm. 44/54. Ae. De toute beauté.

1007   1619. Synode de **Dordrecht**. Belle médaille avec vue de la salle. Franks p. 222, n. 77. v. Loon II, p. 105 mais sans le petit chien. Mm. 58. Ar. Belle.

1008   1624. Prise de **St**. **Salvador** en **Brésil**. Superbe médaille au buste cuirassé à dr. du prince **Maur ce**. *Mauritius D. G. Princeps Auriacae, Com. Nass. Etc. Proc. confoe. Gub.* et entouré des 7 écussons des Provinces. Rev. Armoiries de **Maurice** entourées de de la Jarretière, dans un bel entourage par van Bylaer. v. Loon II, 155. Franks p. 91. Ar. gr. 84. Fort rare.

1009   1629. **Piet Heyn** s'empare de la flotte d'argent dans la baie de **Matanzas**. Médaille **fr**. par ordre des états-généraux avec vue de la baie de Matanzas. v. Loon II, 173—171, n. 3. Mm. 58. Ar. gr. 70. t.b.c. Rare.

1010   1631. Convention de l'électeur **Johan George de Saxe** à **Leipzick**. CHURF : HANS GORG Z : SACHSEN GUTFUR GOTTES EHRE etc. dessous dans un encadrement 16 . LIPSIA . 31. Reimmann 6798. Mm. 50. Ar. gr. 34. F.d.c.

1011   1631. Superbe médaille par. Seb. Dadler sur la victoire de
Gustave Adolphe roi de **Suède** près de la ville de **Leipzig**, vue de
la bataille AVXILIANTE DEO PRESSIS VICTORIA VENIT
AN : MDCXXXI . VII . SEPT. Rev. Allégorie. Mm. 65. Ar. Belle.

1012   1643. Médaille au buste à g. de John Hampden 1594—1643, par
Wyon en 1863. Rev. Couronne. Mm. 53. Br. Belle.

1013   1644 **Frédéric Henri** de Nassau Orange s'empare du **Sas van
Gent.** Belle médaille par Looff. v. Loon II, 279—270. Ar. Rare.

1014   1646. Jeton du bureau des finances à Bruxelles. Dugn. 4002.
Ae. Beau.

1015   Médaillon oval uniface au buste voilé et drapé de **Marie de
Médecis** à dr. Mm. 44.53. Etain. Beau.

1016   1648. Paix de **Munster.** Lion hollandais debout à g. ASPERA *
COMPOSITIS * MITESCVNT * SECVLA * BELLIS . * . et à
l'int. INTER HISP . REG . ET FOED . BELG. Rev. Un ange
vidant une corne d'abondance sur un pays où on voit un berger
et ses moutons. DEVS NOBIS HÆC OTIA FECIT V . JVNII .
CIꝹ . IꝹC . XLVIII. v. Loon II, 315—304. n. 1. Mm. 41. Ar.
Belle. Rare.

1017   1653 Mort de l'amiral **Martin Harpertszn Tromp.** Son buste de
face par J. Pool. MARTEN . HARPERTSEN . TROMP . RIDDER.
Rev. Le Combat naval LIEVTENANT ADMIRAAL . VAN .
HOLLAND VOOR HET VAADERLAND . GESNEVVELT DEN .
10 AVGVSTI . ANNO 1653. v. Loon II, 376—364, n. 2. Franks
n. 33. Ar. gr. 78. Belle.

1018   — Mort de l'amiral **Martin Harpertsz. Tromp.** Son buste de face
couronné par deux génies. Rev. Le combat naval. Superbe médaille repoussée par Muller, var. de van Loon II, 376—364, n. 3
avec le vaisseau coulant. Ar. gr. 65. Rare. Fort belle.

1019   1653. Mort de l'amiral **Martin Harpertszn Tromp.** Son buste fort
en relief cuirassé de face MARTINVS . HERPERTI . TROMPIVS —
EQUES . ET THALASSIAR . HOLLANDLE. Superbe médaille
par van Ryswick. v. Loon II, 376—364, n. 4. Franks n. 36. Ar.
gr. 35. Rare.

1020   1654. **Marie d'Angleterre** princesse **d'Orange** en son fils **Guillaume
III.** Superbe médaille repoussée par van Abeele au buste de la
princesse à dr. Rev. Buste de Guillaume enfant de face avec
bonnet, dans un bel entourage de branches de laurier et d'oranger.
v. Loon II, 387—375. Franks p. 417, n. 56. Ar. gr. 53. Rare.
Fort belle.

1021   1655. Inauguration du nouvel *Hôtel-de-Ville* à Amsterdam, avec
les armoiries des 36 membres du conseil. v. Loon II, 399—387,
n. 1. Br. b c.

1022   — Même sujet. Vue de l'édifice. Rev. Le vaisseau Argo. v. Loon
II, 399—387, n. 2. Mm. 69. Ar. gr. 87. Belle.

1023   1659. Médaille au buste à g. de l'orfèvre et graveur renommé
Jan Lutma par son fils **Jean Lutma Jr.** IOANNES LVTMA. Son
buste drapé à g. Rev. En 7 lignes. IN—MEMORIAM—POSTE-

RITATIS — FECIT — IOANNES LVTMA — IVNIOR — ANNO CIƆIƆCLIX. De Vries en de Joughe pl. VI. n. 4. Mm. 45. Ar. gr. 26.5. Belle et fort rare.

1024 1665. L'attaque du comte de **Sandwich** sur la flotte hollandaise revenant de Indes dans le port de **Bergen** en **Norvège**, vue du combat. Médaille par Pool. v. Loon I, 531—509, n. 1. Franks p. 508, n. 149. Ar. gr. 43. Rare. b.c.

1025 1667. Paix de **Bréda**. Les armoiries de la Grande-Bretagne et des Pays-Bas liées par un ruban. v. Loon II, 559—538, 4. Franks 184. Ar. gr. 29.5. Belle.

1026 1672. Médaille pour les gardes civiques d'Amsterdam pour services rendues pendant l'invasion des Français. v. Loon III, 72—67. Mm. 44. Ar. Belle.

1027 1673. Jeton de Jean Baptiste Roessons questor Generalis d'Anvers. Dugn. 4312. Ae. t b.c.

1027a 1678. Paix de **Nimègue**. v. Loon III, 248—233, n. 3. Mm. 41 Ar. Belle.

1028 — Massacre de **Sir Edmundbury Godfrey**. Franks 247. Mm. 38. Ar. t.b.c.

1029 1678. Paix de **Nimègue** entre **La France, La Suède, le Danemarc, l'Autriche, Munster, l'Esgagne** et les **Pays-Bas**. Superbe médaille par Dishouke. Vue de la ville de Nimègue, sur l'avant-scène des ambassadeurs prenant congé, en haut les armoiries de Nimègue et sur une banderolle FIRMATA NEOMAGI PAX 1678. Rev. La Paix debout sur des armes, devant elle les armoiries des puissances pactantes PACATUS SOLIS VIRTUTIBVS ORBIS et à l'exergue T . V . DISHOUKE . F. v. Loon III, 275—257, n. 2. Mm. 71. Ar. gr. 151. Superbe, fort rare.

1030 1684. Trève de vingt ans entre **la France, l'Espagne** et les **Pays-Bas**. Médaille fort rare par Smeltsing ENDUCIIS PACTIS MDCLXXXIV. v. Loon III, 316—296, n. 2. Mm. 69. Etain Belle. Rare.

1031 1685. Superbe médaille au buste de **Jacques II** roi d'Angleterre par Roettiers IACOBVS . II . DEI . GRA . ANG . SCOT . FRAN . ET . HIB . REX. Rev. Trophée militaire, dans le lointain combat naval GENVS . ANTIQVVM. Franks p. 617, n. 29. Mm. 64. Ar. gr. 93 Belle et rare.

1032 1687. Récouverte du trésor d'un navire espagnol naufragé à **Hispaniola**. Bustes accolés de **James II** et de **Marie** à dr. par Bower. Rev. Un vaisseau. Franks p. 619, n. 33. Betts. n. 67. Mm. 55. Ar. g. 63. Belle.

1033 1687. Guerre contre les **Turcs**. Buste de l'empereur Léopold à dr. LEOPOLDVS MAGNVS ROM . IMP . P . P. Rev. VERMEHRER DES REICHS 1687 et 7 cartouches avec vues des villes prises surmontées de SCHLACHT BEY SICKLOS — POSEGA — ESSEGR - WALPO — PETERWARDEIN — PALOTTA ERLO. Mm. 42. Ar. Belle.

1034   1689. Fuite de **James II** roi d'Angleterre. Son buste à g. IACO-
       BUS II BRITAN : REX FUGITIV Rev. Une colonne cassée et
       vue de Londres NON ICTV HVMANO . SED FLATV DIVINO
       et à l'ex. SPONTE FVGIT IACOB : II . ANG . REX L . 20
       DEC : CAPTVS 23 D . 1688 ITERUM FVGIT 2 IAN 1689 S . N.
       Van Loon III, 396—370. Franks p. 649, n 3. Mm. 50. Ar. gr.
       52.5. Superbe et fort rare.

1035   — Arrivée de **James II** en France. IACOBUS II D . G . BRITAN-
       NIARUM IMPERATOR. Son buste lauré à g. Rev. Le soleil
       obscurci de la lune. ORBATA LUCE LUCIDUM OBSCURAT et
       à l'exergue LUD . XIV GALL : REX ADMITTIT — IAC . II
       BRIT : REGEM FUG : — VII . IAN . MDCLXXXIX par Smelt-
       zing. v. Loon III, 399—372, n. 3. Franks p. 654, n. 13. Mm. 60.
       Ar. gr. 75 5. Très belle. Fort rare.

1036   1689. Arrivée de **James II** en France. Le nid de l'aigle mis en
       feu par le renard. Franks p. 652, n. 7. v. Loon III, 397—371.
       Mm. 60. Etain. Rare.

1037   — Couronnement de **Guillaume III** et de **Marie.** Buste de Guil-
       laume à dr. WILH . III . D . G . ANG . SCO . FR . ET . HIB .
       REX . DEF . FID. Rev. Buste de Marie à g. MARIA . D . G .
       ANG . SCO . FR . ET . HI . REGINA. Var. inédite de Franks
       p. 667, n. 37 sans nom de graveur et sans inscription sur tranche.
       Compz. de Vries eu de Jonge pl. XII, n. 1 Mm. 40. Ar. Belle.

1038   1690. La Gueldre maintient son droit de monnayage, par Koene.
       de Vries en de Jonge pl. X, 4. Ar. t.b.c.

1039   1692. Défaite de la flotte française par les flottes Anglo-hollan-
       daises près du Cap **La Hogue.** Superbe médaille par P. H. Mül-
       ler avec inscription sur tranche. Van Loon IV, 36—98, n. 3.
       Franks p. 55, n. 251. Mm. 49. Ar. Belle.

1040   — Médaille au buste à dr. de **Hippolyte Fornassari** abbé et pro-
       fesseur à **Bologne.** Mm. 54. Br. Belle.

1041   1693. Erection de la fontaine sur le marché au poisson à **Leyde.**
       Belle médaille par Smeltzing. v. Loon IV, 91—149. Ar. gr. 48.

1042   1694. Jubilé séculaire de la prise de la ville de Groningue sur
       les Espagnols. v. Loon IV, 116—175, n. 1. Ar. gr. 39. Belle.

1043   1694. Décès de **Marie** reine **d'Angleterre.** La reine tenant une
       branche de palme, assise à g. sur un globe O : GRAVE :
       WHERE † IS : THY : VICTORY. Rev. en 5 lignes. QVEEN :
       MARY . . THE : SECOND : AETAT — 32 : OBIT : DEC :
       28 . — ANNO : DOM . — 1694. Franks p. 121, n. 364. Mm. 40.
       Br. Belle.

1044   1695. Même sujet. Méd. au buste de la reine à dr. par Boskam.
       v. Loon IV, 122—181, n. 1. Franks p. 115, n. 351. Mm. 60.
       Etain. t.b.c.

1045   1695. Reprise de **Namur.** Buste de **Guillaume III** de **Nassau-Orange**
       roi **d'Angleterre** à dr. WILHELMVS III D . G . MAG . BRIT .
       FRANC . ET . HIB . REX. Rev. Les fleuves La Meuse et la
       Sambre assises contre une colonne, sur laquelle une Victoire et

ornée de drapeaux. VINCIT AMOR PATRIS PATRIÆ et sur la colonne GALLI AD CELEBR . — CVM MVLTA — FESTIVIT. LVD XIV . — NATAL . NAMVR — CASTEL . PER . TRION — OCCVP . ET . MAX . — SVMPTV . MVNITIS . — ÆTERN . — VALEDICVNT — I . SEPT . — MDCXCV, type de van Loon IV, 138—197, n. 1. Franks n. 390 var. Mm. 57.5. Ar. gr. 92. t.b.c. fort rare.

1046 1696. **Henri Casimir** prince de **Nassau**, Stadhouder de la **Frise**. Médaille de la Diète de la Frise au buste du prince à dr. v. Loon IV, 169 - 229. Mm. 34. Belle. Rare.

1047 1697. Paix de **Ryswick**. CÆSA FIRMABANT FOEDERA PORCA aux armoiries d'*Allemagne, Espagne, Brandebourg, Saxe, Bavière, Suède, Pays-Bas. Lorraine, Savoie, France.* v. Loon IV, 215 - 273, n. 2. Franks p. 168, n. 453. Mm. 49. t.b.c.

1048 — Petite médaille allemande sur la paix de **Ryswick**. DER ALL-GEMEINE FRIDE GESCHLOSSEN D . 30 . OCT. IN RISWICK. Mm. 22. Vermeil. b.c.

1049 1702. Jubilé de l'érection de la Compagnie pour les **Indes-Orientales.** v. Loon IV, 304 — 359 par Arondeaux. Ar. gr. 110. Rare.

1050 — Même médaille. Ar. gr. 122. Belle.

1051 1708. Prise de **Lille**. Belle médaille au tour de Babel. Franks p. 339, n. 170. v. Loon IV, 594 — V, 119, n. 4. Mm. 49. Ar. gr. 37. Rare.

1052 — Reprise de la ville de **Gand**. Médaille satirique, le gouverneur de la Mothe offrant un gand à Marlborough. v. Loon IV, 552 — V, 127, n. 1. Franks p. 348, n. 183. Mm. 43. Ar. gr. 30.5. t.b.c. Rare.

1053 1710. Naissance du prince **Friedrich Wilhelm** de **Prusse** prince **d'Orange** AVREAE STIRPIS AVREVM POMVM. Inscription sur tranche. Mm. 44. Etain. Belle Rare.

1054 1717. Prise de **Belgrade** par le duc **Eugène de Savoie**. Son buste à dr. Rev. à l'ex. TVRCIS FVSIS — CASTRIS OCCVPATIS — BELGRADO RE — CEPTO. Mm. 43. Etain. t.b.c.

1055 1721. Jeton. Le Comte de Lannoy gouverneur de Namur. Dugn. 4888. Ae. t.b.c.

1056 1727. Couronnement de la reine **Caroline** d'Angleterre, par Croker. Franks p. 480, n. 8. Mm. 35. Belle.

1057 1729. Noces d'argent **d'Egidius van den Bempden et d'Aegie Hooft**. Méd. à leurs armoiries. Ar. gr. 40 Belle.

1058 1730. Deuxième fête séculaire de la confession **d'Augsbourg** IVBILAT APPLAVDENS SANCTIS AVGVSTA TRIVMPHIS. La ville personifiée accoudée sur l'écusson de la ville d'Augsbourg; avec vue de la ville, au dessus la Paix. Mm. 37. Ar. t.b.c.

1059 1733. Réception des émigrants de **Salzbourg** en Hollande. Superbe médaille par Holtzhey. DCCC . SALISBURGENSIS SEDES AS-SIGNATÆ MDCCXXXIII. Suppl. n. 80. Mm. 48. Ar. Belle.

1060 1734. Mariage de **Guillaume (IV)** prince de **Nassau-Orange** avec **Anne** princesse **d'Angleterre**. v. Loon, Suppl. 82. Franks p. 506, n. 53. Mm. 58. Etain. t.b.c.

1061 — Même sujet. Visite à **Leeuwarde**. feu d'artifice. v. Loon. suppl. 93. Franks n. 64. Mm. 29. Ar.

1062 1734. Médaille de la Garde civique à **La Haye**. *Deze vereert aan de Onderofficieren en Rotsgezellen van het Groene Vaendel, wegens de Honderdste Mey Planting gedaan den 1 Mey 1834 Door den Luitenant Anton Gouzy.* Superbe médaille par Holtzhey aux armoiries de *Linthorst vaandrig, Scheltus Capitein, Ten Hore Colonel, Boutesteyn Hooftm. Gouzy Luitenant.* v. Loon. Suppl. 97. Mm. 54. Ar. Belle.

1063 1736. Jubilé de l'Académie à Utrecht. Suppl. 106. Ar. gr. 15. Belle.

1064 — Même jubilé, superbe médaille par Drapentier. Suppl. 104 Ar. gr. 82. Rare.

1065 1737. **Guillaume (IV)**, inauguré seigneur de Bréda. Suppl. 118. Ar. Belle.

1066 1738. Jubilé de 25 ans de la paix **d'Utrecht**. v. Loon. Suppl. 126. Ar. gr. 77. Belle.

1067 — Jubilé du Théatre à Amsterdam aux armoiries des *Rogge, v. d. Chiessen, Slicher, Pyl, Hooft, de Witt. Hartsinck. Voordaagh, Oortman* et *van der Meer* par Holtzhey. Suppl. 125. Ar. gr. 45. Belle.

1068 1738. Noces d'argent de **Willem van Citters** bourgmestre de Middelburg et **Maria Kien**. Superbe médaille aux armoiries par M. Holtzhey. Mm. 81. Ar. gr. 110. Rare.

1069 1739. Prise de **Porto-Bello** par l'amiral **Vernon**. Son buste à g. Betts 198. Mm. 38. Ae. t.b.c.

1070 1739. Prise de **Porto-Bello**. Don Blass à genoux devant Vernon. Betts. 306. Mm. 38. Ae. a.b.c

1071 — Prise de **Porto-Bello**. Don Blass à genoux devant Vernon. Betts. 302. Mm. 28. Ae. t.b.c. troué. Rare.

1072 1741. Prise de **Cartaghéne** par Vernon. Betts. 334. Mm. 38. Ae. t.b.c.

1073 1741. Prix de **Habane** et de **Cartaghène**. Vernon debout. Betts. 315. Mm. 38. Ae. t.b.c.

1074 1741. Le duc **d'Argyle** et Sir **Robert Walpole**. Méd. satirique. Betts. 247. Mm. 38. Ae. t.b.c.

1075 1740. Jubilé de l'invention de la typographie **au** buste de **Laur. Janszn Coster** presque de face. Suppl. 146. Ar. gr. 36. Belle.

1076 — Même sujet. Buste de Coster à g. Suppl. 144. Ar. gr. 18. Belle.

1077 — Inauguration de **Friedrich II** roi de **Prusse** à Berlin. Son buste à dr. Rev. VERITATI ET IVSTITIÆ etc. Mm. 24. Ar. Belle.

1078 1742. Guerre de la succession autrichienne. Les Armenents dans les Pays-Bas. Superbe médaille par Holtzhey. v. Loon. Suppl. 167. Mm. 54. Ar. gr. 59. Rare.

1079 1742. Même sujet. Armements dans les Pays-Bas. v. Loon. Suppl. 168, par v. Swinderen. Ar. gr. 41. Rare. F.d.c.

1080   1743. Médaille au buste à g. de **Philippe Stanhope** comte de **Chesterfield** par Dassier. Franks 222. Mm. 54. Br. Belle.

1081   1743. Naissance de la princesse **Caroline** de **Nassau-Orange** à **Leeuwarde**. Bustes opposés de **Guillaume** et d'**Anne**. Suppl. 176. Franks 571. n. 207. Mm. 47. Ar. Belle. Rare.

1082   — Inspection de la Monnaie de la Gueldre à Harderwyk. v. Loon Suppl. 179. Ar. F.d.c.

1083   1743. **Petrus van der Camer** vingt fois bourgmestre de **Harlem**. v. Loon Suppl. 182. Mm. 55. Ar. Belle.

1084   1745. Prise de **Carlisle** et suppression des rébelles. Le duc de **Cumberland** à cheval à g. par Kirk. Franks p. 606, n. 264. Mm. 35. Ar. t.b.c.

1085   1746. Position périlleuse des Pays Bas. Offre de neutralité par la France. Suppl. 196. Ar. F.d.c.

1086   — Réouverture de la Monnaie de Westfrise à Medemblik. Suppl. 220. Ar. gr. 44. t b.c.

1087   1747. Elévation de **Guillaume IV** au Stadhoudérat HOLLANDIÆ PROCLAM etc. v Loon Suppl. 227. Franks 317. Ar. Belle.

1088   — Décoration ou Badge uniface. Les armoiries du prince d'Orange entourées de la Jarretière, et surmontées d'une couronne. Comp. Suppl. 226 le revers, vermeil. Belle.

1089   1747. Proclamation de Guillaume IV à Amsterdam. Méd. par Kirk. Franks n. 320. Suppl. 314. Mm. 33. Br. Belle. Rare.

1090   1747. Même sujet. Inauguration à Utrecht. Suppl. 229. Vermeil. Belle.

1091   Même sujet. *Bij 't opgaan der Oranjezon* etc. Franks 318. v. Loon Suppl. 240. Belle.

1092   1748. La Princesse **Caroline** de **Nassau-Orange** agée de 5 ans, plus petite que Suppl. 253. Mm. 26. Ar. Belle.

1093   1748. Paix d'**Aix-la-Chapelle**. Médaille par M. Holtzhey au buste du prince à dr. Suppl. 258. Compz. Franks 34. Mm. 44. Ar. gr. 27.5. Belle.

1094   — Paix d'**Aix-la-Chapelle**. Mars courant à g. Suppl. 269. Ar. gr. 19. Belle.

1095   — Paix d'**Aix la-Chapelle** aux bustes accolés de **Guill. IV** et d'**Anne** à dr. Rev. PAX PVBLICA AQVISGRANI. Suppl. 277. Ar. Belle.

1096   — Paix d'**Aix-la-Chapelle**. Buste de Guillaume IV à dr. Rev. La Paix sur des nuages. Suppl. 259. Mm. 35. t.b.c.

1097   — Paix d'**Aix-ia-Chapelle** et éclipse du Soleil. LVX CVM PACE REDIT. v. Loon Suppl. 281. Mm. 37. Ar. t.b.c. Rare.

1098   1749. Anniversaire de la paix d'**Aix la-Chapelle**. Suppl. 283. Ar. Belle.

1099   1750. Noces d'argent de **Hendrik Tappé** et d'**Antonia Leegewy**. Mm. 36. Ar. Belle.

1100 1751. Jeton au buste de **Louis XV** fr. pour le **Canada**. SVB OMNI SIDERE CRESCVNT à l'ex COL FRANC DE LAM 1751. Fonr. n. 6. Ae. t.b.c. Rare.

1101 1755. **Canada**. Jeton au buste de **Louis XV**. NON VILIUS AUREO Vaisseau. Leroux 284. var. Fonr. n. 8. Ae. t.b.c.

1102 1751. Mort de **Guillaume IV** GVL . CAR . HENR . FRISO . ARAVS ET NASS . PRINCEPS. Son buste à dr. par Natter. Rev. OMNIS . CVRAE . CASVSQVE . LEVAMEN . AMITIO et à l'ex. MANET . ALTA . MENTE . REPOSTVS. La Hollande assise pleurant, près d'elle, la mort. Mm. 49. Ar. gr. 61. F.d.c. Rare.

1103 Même sujet. Suppl. 303. Ar. Belle.

1104 Même sujet. Médaille au buste à g. par Simon. Mm. 46. Br. Belle.

1105 1752. La princesse **Anne** gouvernante pendant le minorité du prince Guillaume (V). Son buste jeune à g. par J. G. Holtzhey. Suppl. 306. Mm. 40. Ar. Rare.

1106 1755. Noces d'argent de **Paulus Rombertus Beuckens** et **d'Anna Lubeley**. Belle médaille à leurs armoiries. Mm. 48. Ar. Superbe.

1107 1757. Ouverture de la Monnaie à Harderwyk. Suppl. 340. Mm. 39. Ar. Belle.

1108 1759. Décès de la princesse et gouvernante **Anne**, par J. G. Holtzhey. Suppl. 349. Ar. Belle.

1109 — Noces d'argent de **C. H. van Leeuwen** bourgmestre de **Brielle** et **A. van Bueren**. Dirks rep. 1352. Belle médaille aux armoiries. Mm. 39. Ar. Belle.

1110 1766. Inauguration de **Guillaume V** comme marquis de **Vere** et de **Flessingue**. Belle médaille en or. gr. 13.8. Rare.

1111 — Même pièce en argent. Belle.

1112 1767. Mariage de **Guillaume V** avec **Wilhelmina** de Prusse. Suppl. 405. Ar. gr. 27. Belle.

1113 1769. Jeton au buste à g. de **Charles Alexandre de Lorraine**. La Ste Caroline de Bruxelles. Ae. Beau.

1114 1771. **P. A. van der Parra** pendant 10 ans Gouverneur-général des Indes-néerlandaises. Son buste presque de face. Rev. Le vaisseau Argo VINCIT VIM PRUDENTIA. v. Loon. Suppl. 458. Mm. 49. Ar. t.b.c.

1115 1771. Inspection de la Monnaie de la **Gueldre** sous Novisadi. Médaille rare par T . I . W . F. v. Loon Suppl. 457. Ar. Belle.

1116 1772. Naissance du prince héréditaire **Guillaume (VI)** et allusion aux années commémorables 1572 et 1672 par v. Calker. Suppl. 474. Ar. F.d.c.

1116a 1773. Médaille aux bustes accolés à g. de **Joseph II** et de Marie **Thérése**. Rev. GALICIA LODOMERIA IN FIDEM RECEPTIS MDCCLXXIII. Belle médaille par Brandt. Mm. 49. Ar. Rare.

1117 1774. 2me fête séculaire de la délivrance de **Leyde**. Suppl. 494A. Ar. Belle.

1118 1776. Le duc **Frédéric Ernest Louis de Brunswick** pendant 25 ans gouverneur de **Bois-le Duc**. Suppl. 508. Ar. Belle.

1119 — Inspection de la Monnaie de la **Gueldre** sous Novisadi. Belle médaille par T . I . W. v. Loon Suppl. 511. Ar. Rare. F.d.c.

1120 1778. 2me Jubilé de l'accession d'Amsterdam à l'Union d'Utrecht, par Lageman-Suppl. 525. Ar. Belle.

1121 1779. Médaille d'honneur de la Société **Oeconomia Enchusana** Suppl. 541. Mm. 50. Ar. gr. 58. Belle.

1122 S.d. **Paris**. Jeton en argent *Sainte M. Madeleine en la Cité.* Ar. Beau.

1123 1779. Noces d'argent de **Mr. David Jan Thilenus** et **Margaretha Elisabeth van der Haer.** Droit et revers fr. en papier doré. Mm. 45.

1124 1780. Décès de **Catharina van Staveren** née **van Royen.** Tombeau aux armoiries CATHARINA VAN ROYEN WEDUWE VAN STAVEREN et à l'ex. GEB den 11 DEC 1709. — OVERL. d. 15 IAN — 1780. Rev. Sur un monument funèbre légende en 16 lignes. Mm. 54. Br. Belle.

1125 1781. L'aviso du capitaine Jacob van der Wint avertit la flotte hollandaise de la déclaration de guerre de l'Angleterre. Betts 474. v. Loon. Suppl. 554. Mm. 32. Ar. Belle.

1126 — Prise de **St. Eustache** et mort de l'amiral **W. Crul.** Betts 581. Suppl. 556. Mm. 45. Ar. gr. 31. Belle.

1127 — Combat naval de **Doggersbank** INJVRIIS COACTA. Betts. 589. Suppl. 562. Mm. 45. Ar. gr. 28.5 Belle.

1128 — Combat naval de **Doggersbank** HOEZEE DE BRIT RUIMT ZEE. Betts. Suppl. 563. Ar. Belle

1129 1782. Déclaration de l'indépendance de **l'Amérique. John Adams** reçu en Frise. Betts. 602. Suppl. 572. Ar. Belle.

1130 — Traité de commerce avec l'Amérique. Betts. 604. Suppl 575. Mm. 45. Ar. Belle.

1131 — Traité de commerce avec l'Amérique. Betts. Suppl. 576. Ar. Belle.

1132 — L'indépendance de **l'Amérique** reconnue par les Pays-Bas. Superbe médaille à l'unicorne Anglais. Suppl. 573. Mm. 44. Ar. gr. 28.5. Rare.

1133 — Réadmission de **J. D. van der Capellen tot den Poll** dans le collège des Etats **d'Ovrijssel.** Suppl. 579. Mm. 49. Ar. gr. 41. Belle.

1134 1784. Jeton octogone des marchands de vin de **Bordeaux**, au buste de **Louis XVI** à dr. Ar. Beau.

1135 1786. Traité des **Pays-Bas** avec **la France,** fêtes à Rotterdam. Suppl. 642. Ar. gr. 40. Belle.

1136 — Traité de commerce avec la France. Fêtes à Zierikzee. Suppl. 641. Ar. Belle.

1137 1786. Brabantisation des gouverneurs-généraux Marie Thérèse et Albert Casimir. Jeton octogone. Ae. t.b.c.

1138 1787. Rencontre près de **Jutfaas**. Suppl. 686. Ar. Belle.

1139 1786. La garde civique à Utrecht prête serment au nouveau règlement. v. Loon Suppl. 639B. Ar. t.b c.

1140 1787. Médaille pour les gardes civiques de Delftshaven, pour leurs services rendues pendant les troubles. Suppl. 695. Ar. Belle.

1141 — Retour du prince dans **La Haye, in S'HAAGE teruggekomen 21 SEPT 1787.** Suppl. 702. Ar. Belle.

1142 — Capitulation **d'Amsterdam.** Belle médaille au buste de **Friedrich Wilhelm** roi de **Prusse.** Suppl. 708. Ar. Belle.

1143 S.d. Insigne des orangistes. Buste du prince **Guillaume V** dans un entourage perlé. Mm. 28/35. Ar.

1144 S.d. Médaillon oval uniface au buste de **Louis XVI** presque de face. Mm. 38/51. Ae.

1145 1790. Confédération des **Français.** Paris le 14 juillet 1790. Mm. 40. Br. fr. post. Belle.

1145a — Jeton. Proclamation de la république en Flandre. Ae. t.b.c.

1145b — Jeton Proclamation de la république en Brabant. Ae. t.b.c.

1145c S d. Superbe médaille ou décoration en or au buste à dr. de **François** empereur **d'Autriche** FRANCISCVS AVST . IMP . HVN . BOH . GAL . LOD . REX . A . A par Wirt. Rev. Deux sceptres en sautoir, dessus une couronne, dessous une balance IVSTITIA REGNORVM FVNDAMENTVM. Mm. 43. Or. gr. 39. Belle. Rare.

1146 1791. **Asmi Said Effendi** visite **Breslau.** v. Saurma 347. Ar. t.b.c.

1147 1792. **Christianus Carolus Henricus van der Aa.** Ministre réformé à Harlem. Son buste à g. par Holtzhey. Suppl. 806. Mm. 44. Ar. Rare Belle.

1148 1793. **Guillaume VI** prince héréditaire de **Nassau-Orange** commandant de la Hollande méridionale. Suppl 809A. Ar. Belle.

1149 — Même pièce. Suppl. 809B. Ar. Belle.

1150 1793. Décapitation de **Louis XVI** roi de **France.** Son buste à dr. par Stierle HEU NIMIS SERO MANANT. Mm. 34. Ar. F.d.c. Rare.

1151 Décapitation de **Marie Antoinette.** Son buste à g. par Loos *J'accuse, Je juge, J'extermine.* Mm. 30. Ar. F.d.c. Rare.
   Avec le document de publication original en allemand.

1152 1795. **Louis second fils de Louis XVI** né le 27 Mars 1785 son buste à g. par Loos. Rev. *Redevenu Libre le 8 Juin 1795.* Mm. 30. Ar. Belle.

1153 **Louis Charles et Marie Thérèse Charlotte** enfants de **Louis XVI.** Leurs bustes accolés à dr. par Loos. **Quand sera-t-elle levée?** Voile. Mm. 30. Ar. Belle Rare.

1154 1795. **Amsterdam.** L'arbre de la Liberté érigé sur le Dam. Suppl. 829. Bronze. Belle. Rare.

1155 1797. Mort du général français **Lazare Hoche** par Gayrard. Mm. 40. Br. Belle.

1156 1797. Victoire de **Johan Jervis** Earl of St. Vincent sur la flotte française. Son buste à g. Mm. 48. Br. Belle.

1157 S.d. République française. Médaille ovale. *Action de la Loi Tri-bunal de première instance.* Mm. 32/39. Ae. Argenté.

1158 S.d. Médaille de prix de l'académie de **Leyde**, ex legs. J. Stolp: Mm. 67. Br. Belle.

1159 1797. République Française. Médaille octogone **Conseil des Anciens.** Henin 789. Mm. 40. fr. post. Br. Belle.

1160 — Conseil des **Cinq-cents.** Henin. 790. Mm. 40. Br. fr. post. Belle.

1161 1797. Paix de **Campo-Formio.** Buste de **Bonaparte** à dr. Rev. Lég. en 6 lignes. Mm. 39. Br. Belle post.

1162 — Paix de **Campo-Formio.** Buste de Bonaparte à dr. Rev. Bonaparte à cheval à g. **Les sciences et les arts reconnaissantes.** Mm. 57. Br. Belle. fr. post.

1163 — **Instituto Nazionale Ligure.** Rev. Lég. en 4 lignes. Mm. 47. Br. Belle post.

1164 — Buste de **Bonaparte** à g. Rev. ALEXAND . BUONAPARTE POST HERCVLEOS LABORES etc. en 8 lignes. Mm. 39. Br. Br. Belle post.

1165 1800. Bataille de **Marengo** an 8, au buste de Napoléon à g. *Enfans rappelez-vous* etc. Mm. 50. Br. t.b.c.

1166 Médaille ovale de l'Institut van Kinsbergen à **Elburg**. Mm. 28/37. Ar. Belle.

1167 1813. Jeton au buste de **Guillaume I**, rev. vue d'Amsterdam. Ae. argenté.

1168 1814. Siége de **Naarden.** Médaille décernée à *A. Elders.* Dirks 25. Ar. Belle.

1169 1814. Noces d'argent de **Carl A. Lundberg Jacobsen** et de **Joh. Jac. Hamer** à Grissé dans l'île de Java. Mm. 35. Dirks 31. Ae. argentée. Rare.

1170 1815. Guillaume I couronné à Bruxelles. Dirks 61. Br. t.b.c.

1171 1815. L'ordre militaire „de *Militaire Willemsorde"* institué. Dirks 40. Br. Belle.

1172 1815. Vrijwillige Wapening te **Rotterdam** à A. van den Burggraaff Lid de Commissie. Dirks 51A. Ar. Belle Rare.

1173 1817. 3me fête séculaire de la réformation. Dirk 124. Ar. t.b.c.

1174 1820. Naissance du duc de Bordeaux. Méd. satirique *Il nous rendra la poule au pot.* Mm. 37. Ar. Belle.

1175 — Mort de **Charles Ferdinand** duc de **Berry** par Du Puymaurin. Mm. 50. Br. t.b.c.

1175a 1820. Naissance du duc de Bordeaux par Gayrard. Mm. 37. Br.

1176 1821. Prise de **Palembang.** Dirks 179. Br. t.b.c.

1177 1823. Bénédiction et pose de la première pierre de l'église de Bercy. Buste de Louis XVIII à dr. Mm. 46. Br.

1178　1823. Pose de la première pierre de l'église de Noisy le sec au buste de Louis XVIII à dr. Mm. 40. Br.

1179　1823. 4me fête séculaire de l'invention de la typographie par Koster. Dirks 215. Ar. Belle.

1180　1829. Prise de **Hadrianople** par les Russes. Mm. 38. Br.

1181　— **Guillaume I** roi des **Pays-Bas** arbitre entre **l'Angleterre** et **l'Amérique**. Dirks 310. Ar. Belle Rare.

1182　— Même médaille en bronze. Belle.

1183　— Mariage **d'Albert de Prusse** et **Marianne** princesse des **Pays-Bas**. Dirks 354. Br. Belle.

1184　1830. Médaille à la tête de **Napoléon** à dr. frappée à l'occasion du livre, Napoléon, l'Empire, et la Révolution. Mm. 52. Br. Belle.

1185　1832. Défense héroïque de la citadelle d'Anvers, avec plan de la citadelle. Dirks 464. Br. Belle.

1186　1833. Naissance du prince royal de Belgique. *L'Espoir de nos enfants*. Mm. 32. Ar. Belle.

1187　1834. J. D. C. C. W. baron d'Ablaing van Giessenburg colonel des gardes civiques d'Utrecht. Dirks 487. Br. Belle.

1188　1835. G. J. Schacht 25 ans ministre protestant à Leide. Dirk 510. Br. Belle.

1189　1836. *Dem Streiter für Recht und Freiheit* **Dr. Gabriel Riesser** *seine Hamburgsichen Glaubensgenossen*. Mm. 59. Br. t.b.c.

1190　1837. Mort de la reine **Frederica Louise Wilhelmina des Pays-Bas**. Dirks 531. Ar. Belle.

1191　1838. La Belgique reconnaissants à **Ch. Comte de Montalembert**. Mm. 50. Br. t b.c.

1192　1840. *ter gedachtenis van het 50 Jarig Jubelfeest der Priest. Wijding van den Zeer Eerw. en Wijdll. Heer P. van Kalken. Pastoor in Klarenburg oud 73 jaren gevierd binnen Utrecht 1840*, en 9 lignes dans le champ. Dirks 565. Mm. 47. Ae. Belle. Rare.

1193　1840. Translation des scendres de l'Empereur Napoléon de l'ile St. Hélène en France. Tête de l'empereur à dr. Rev. Aigle impériale entourée des noms de toutes les victoires. Mm. 51. Br. Belle.

1194　— La Ville d'Anvers aux écoles primaires. Mm. 58. Br.

1195　— Guillaume II inauguré à Amsterdam et Jeton en argent au buste de George II d'Angleterre. 2 ps. Ar.

1196　1842. Médaille au buste à dr. de **Ch. H. E. von Pfuel** fondateur de l'école de natation à Berlin. Mm. 38. Br. Belle.

1197　1853. Médaille au buste de **Pie IX** à g. MUSEVM IN AEDIBVS LATERAN AVCTVM. Mm. 43. Br. Belle.

1198　1854. Médaille au buste de **Pie IX** à dr. AD SANCTI SPIRITVS etc. Mm. 43. Br. Belle.

1199　1852. Mort du duc de **Wellington**. Son buste à g. Mm. 45. Etain.

1200   1853. Société royale néerlandaise des régattes. Dirks 666. Ar gr. 127. Belle Rare.

1201   — Même médaille en bronze.

1202   1854. Erection d'une statue pour le roi **Guiilaume II à La Haye.** Dirks 758. Ar. gr. 100. Belle.

1203   1856. Médaille en honneur de Mr. M. C. van Hall. Juris consulte célèbre. Dirks 775. Mm. 60. Br. Belle.

1204   1857. Paix de **Paris.** La paix offre une branche de palme à Minerva assise entourée des têtes **d'Alexandre I de Russie, François Joseph d'Autriche, Fr. Wilhelm de Prusse, Abdul Medjid de Turquie, Napoléon III, Victoria** et de **Victor II de Sardaigne.** Mm. 56. Ar. gr. 74.5. F.d.c

1205   1859. Superbe médaille capitale au buste à dr. de **Léopold I** roi des Belges. par Hart, dans un entourage LEOPOLD PREMIER ROI DES BELGES INAUGURE LE 26 SEPTEMBRE 1859 LE MONUMENT DÉDIÉ AU CONGRES NATIONAL ET A LA CONSTITUTION. Rev. Table avec les noms des membres du congrès Mm. 150. Br. Superbe. Rare, *dans son écrin.*

12 6   1860. Mr. O. C. J. Hoogendijk van Domselaar fondateur de 70 maisons pour les ouvriers à Tiel. Dirks 831. Br. Belle.

1207   1861. Tir national de Belgique. Mm. 54. Br.

1208   1862. Mr. J. A. baron van der Heim van Duyvendyke. Dirks 880. Br. Belle.

1209   1864. Médaille aux têtes accolées de **Judith Lady Montefiore** et de **Sir Moses Montefiore** par Wiener. Mm. 68. Br. Belle Rare.

1210   1866. Bataille de **Köninggrätz.** Médaille militaire. Ae. t.b.c.

1211   S d. Médaille militaire pour Valeur et discipline. buste de **Louis Napoléon** président de la république française. Ar. t.b.c.

1212   1868. Médaille en honneur de **J. P. J. A. de Zuylen à Nyevelt.** Superbe médaille au buste à g. par Elion. Mm. 69. Ar. gr. 137. F.d.c.

1213   S.d. Jeton octogone au buste à dr. de **Napoléon III** empereur de France par Pingret. Rev. BANQUE DE L'ILE DE LA RÉU-NION. Ar. Beau.

1214   1869. Afschaffing van het Dagbladzegel in Nederland, par Wiener. Mm. 37. Br. Belle. Rare.

1215   — Inauguration du canal de **Suez** au buste de **Ferdinand de Lesseps** à g. Mm. 49. Etain.

1216   1872. 4e fête séculaire de la délivrance de Brielle. Buste de **Guillaume le Taciturne** de face. Méd. par Posthumus. Mm. 66. Ar. gr. 53. F.d.c.

1217   — Existance de 25 ans de la Sociéte hollandaise d'Agriculture à La Haye par de Vries. Mm. 50. Br.

1218   1879. Médaille en honneur du peintre S. L. Verveer, par de Vries. Mm. 60. Br.

1219 1879. Médaille en honneur **d'Adrien Hippolite Veyrat** graveur des premières médailles de la Belgique indépendante. Mm. 50. Br.

1220 1877. 3e Jaarlijksche vergadering van de Gymnastiekbond te Leeuwarden. Mm. 32. Ar.

1221 — Jubilé du pape **Pie IX**. Son buste à g. Mm. 43. Br.

1222 1830. Les admirateurs de **Nordenskiöld** à Bruxelles. Mm. 40. Br.

1223 1882. Concours hippique à **Breslau**. Bustes accolés de **Fr. Wilhelm** et de **Wilhelm I** par Küllrich. Mm. 50. Ar. gr. 58.

1224 1882. Exposition d'art industriel à Lille. Mm. 50 Br.

1225 1882. In het 34e Jaar der Regeering van Koning Willem III onder het bestuur van den Minister van Waterstaat Jonkhr G. J. G. Klerck is de wet van 20 Januari 1883 tot verlegging van de Uitmonding der Maas tot stand gekomen. Médaille rare par Baetes. Mm. 75. Br.

1226 1886. Jubilé de 250 ans de l'académie d'Utrecht, par Schammer. Mm. 57. Br. Belle.

1227 — Même jubilé, par Begeer. Mm. 50. Ar. gr. 43. Superbe.

1228 1887. Mariage de **J. K. H. Neervoort van de Poll** et de **M. J. E. G. P. Zubli**. Bustes accolés à dr. par Menger. Mm. 60. Br. Belle.

1229 1889. En honneur de **Willem Albert Scholten** industriel à Groningue, par Schammer. Mm. 60. Br. Belle.

1230 1890. Mort de **Guillaume III** roi des Pays-Bas, méd. désapprouvée, par Menger. Mm. 52. Ar. gr. 63. Belle.

1231 1892. En honneur de **Jhr. Mr. C. H. Backer** jurisconsulte, par Junger. Mm. 65. Br. Belle.

1232 — Visite de la reine **Wilhelmina** et de la reine-régente **Emma** à Utrecht, par Begeer. Cat. Menger 749. Mm. 63. Argent. Belle et rare.

1233 1891. **P. J. van Dijk van Matenesse** bourgmestre de Schiedam, par Menger. Mm. 65. Br. Belle.

1234 1894. Médaille en mémoire de l'expédition dans l'île de **Lombok** par Begeer. Mm. 62. Br. Belle.

1235 1894. *De Senaat der Rijksuniversiteit te Utrecht aan Provincie Stad en Burgerij 12 April 1894.* Belle médaille en bronze avec vue de l'université. Mm. 58. Rare.

1236 1897. 3me fête séculaire des communes wallones et néerlandaises à **Hanau** au buste du comte **Philipp Ludwig II** de Hanau-Münzenberg. Mm. 60. Br. Superbe.

1237 1898. Superbe médaille en argent au buste à dr. de **Louise** grand-duchesse de **Bade**. Mm. 57. Ar. Rare.

1238 — Inauguration de la reine **Wilhelmina** des **Pays-Bas**. Méd. au buste couronné à g. par Wienecke. Rev. Lion devans l'église. Mm. 18. Or Rare.

1239 1893. Plaquette en métal blanc en mémoire de l'inauguration de la reine **Wilheimine** des **Pays-Bas.** AANVAARDING VAN DE RE-GEERING 31 AUG. 1898 et à l'exergue WILHELMINA KO-NINGIN DER NEDERLANDEN. Son buste à g. le champ semé de fleurs, par Lauer à Nurnberg. Mm. 36/55.

V A R I A.

1241 **Hambourg.** Médaille satirique KOMSTU MIR ALSO. Main tenant de monnaie. Rev. SO KOMME ICH DIR SO. Homme tenant sa main devant les yeux. Mm. 29. Or. gr. 7. F.d.c.

1242 — Même médaille en argent. Mm. 25. F.d.c.

1243 Médaille de mariage WAS GOTT ZVSAM GEFVGT. Autel avec deux coeurs, au-dessus un cupidon. Rev. LEBT FRVCHTBAR VND VERGNVGT. Arbre florissant. Mm. 28. Or. gr. 6,5. F.d.c.

1244 Médaille de P. v. Abeele. *De beste vrucht die Thuwelick baart* etc. Enfant tenant une couronne. Rev. *Mijn lief etc.* Deux fiancés. Mm. 51. Ar. gr. 52.

1245 Lot intéressant de 61 monnaies et médailles.

1246 Médaille au buste couronné à dr. de **Ghildebert I** roi de **France.** Mm. 32. Ae. t.b.c.

1247 Médaille ovale de Notre-Dame de Guadeloupe. Fourobert 6739. Mm. 26/29. Ae

ÉGLISES ET ÉDIFICES.

Médailles par J. Wiener, grand module 59 Mm. et toutes de belle conservation.

1248 Die Walhalla in München.

1249 Der Dom zu Bamberg.

1250 **Der Dom zu Magdeburg.**

1251 St. Stephanskirche in Wien.

1252 Westminster Abbey.

1253 St. Paul's Cathedral London.

1254 Lincoln Cathedral.

1255 Cathédrale de York.
1256 Winchester Cathedral.
1257 Cathédrale de Tournai.
1258 Eglise collégiale des S. S. Michel et Gudule à Bruxelles.
1259 Eglise de Saint Front à Périgueux.
1260 Catedral de Cordoba.
1261 Catedral de Burgos.
1262 Convento de Batalha.
1263 Notre-Dame Cathédrale de Paris.
1264 Eglise Ste Geneviève (Panthéon) à Paris.
1265 Cathédrale de Chartres.
1266 St. Ouen à Rouen.
1267 Cathédrale de Reims.
1268 Eglise St. Etienne à Caen.
1269 Basilica di S. Pietro a Roma.
1270 Basilica di S. Paulo a Roma.
1271 Duomo di Siena.
1272 Duomo di Firenze.
1273 Catedrale di Milano.
1274 Duomo di Pisa.
1275 Basilica di S. Marco in Venezia.
1276 Eglise St. Isaac à St. Petersbourg.
1277 St. Olafs Domkirke i. Trondhjem.
1278 St. Sophie à Constantinople.
1279 Carhédrale de Paris par E Dubois. Mm. 57. Belle.
1280 Eglise St. Bavon à Gand. Mm. 50 par J. et C. Wiener. Belle.
1281 St. Rombout de Malines par J. et C. Wiener. Mm. 50. t.b.c.

CHEMINS DE FER.

1282 1836. **Anvers.** Inauguration du Chemin de fer. par Hart. Mm. 50. Br.
1283 1837. **Gand.** Chemin de fer inauguré par Braemt. Mm. 50. Br. Belle.
1284 1839. Canaux et Chemins de fer inaugurés par la roi **Léopold I,** par Braemt. Mm. 46. Br. Belle.
1285 1844. Exposition d'industrie à Berlin. Vue d'une locomotive Mm. 44. Br. Belle.

1286   1847. La station à **Lichtervelde** inaugurée. Chemins de fer de la Flandre occidentale. Mm. 40. Br. t.b.c.

1287   1856. Chemins de fer dans la province de Rome, à la tête de **Pie IX**. Mm. 43. Br. Belle.

1288   1859. Inauguration du chemin de fer du centre, méd. de la communauté de Binche, par Hart. Mm. 50. Br. Belle.

1289   1859. 25me anniversaire des chemins de fer belges, par Geefs. Mm. 54. Br. Belle.

1290   — **Pierre Simons** ingénieur belge traça les premiers plans de chemin de fer belge. Son buste à g. par Veyrat. Mm. 50. Br. Belle.

1291   1838. Chemin de fer de **Paris à Orléans**. Jeton octogone en argent par Bovy. F.d c.

1292   1862. Ouverture du chemin de fer à Warschau. Vue d'une locomotive entourée d'une double légende. Rev. Lég. en 13 lignes. Mm. 72. Ar. gr. 179. Belle Rare.

1293   1870. Pose de la première pierre pour un chemin de fer **d'Arequipa à Puno** par l'évêque d'Arequipa en Pérou. Fonr. 9177. Mm. 50. Ar. gr. 70. Rare Belle.

1294   — Pose de la première pierre pour un chemin de fer de **Callao à La Oroya** par l'archevêque de **Lima**. Fonr. 9201. Mm. 50. Ar. gr. 69. Belle Rare.

1295   1871. Ouverture du chemin de fer de **Mollendo à Arequipa**. Four. 9246. Mm. 23. Ar. Belle.

1296   1889. Fête sémi-séculaire de la Société des chemins de fer hollandais. Mm. 43. Br. Belle.

1297   **France.** Société de Consommation des Employés de la Cie des Chemins de fer de l'Est. 5 et 2 francs et 5 centimes. 3 ps.

1298   **Brésil.** Chemins de fer de **Parana**. 1000 reis. Ae.

MEDAILLES MAÇONNIQUES.

1299   1783. Jubilé de 25 ans de l'existence de la Loge „La Vertu" à Leyde. Belle médaille ovale. v. Loon Suppl. 589. Mm. 34/40. Ar. gr. 28. Rare.

1300   1808. Jubilé de 50 ans de la „Grande-Loge" en Hollande. Nahuys pl. X, 66. Ar. gr. 11. Belle.

1301   1817. Instauration de la Grande-Loge à Bruxelles au buste du prince Frédéric. Dirks n. 79. Mm. 47. Br. Belle.

1302   1825. Troisième fête séculaire de la Charte de Cologne et fête séculaire des loges des Pays-Bas. Dirks 509. Mm. 53. Br.

1303   1836. Franc maçons à Dordrecht. Construction du navire „Broedertrouw". Dirks 526. Ar. gr. 14.5. Belle.

1304   1841. Le prince Frédéric pendant 25 ans Grand-Maître des loges dans les Pays-Bas et dans les colonies. Dirks 586B. Mm. 53. Br. Belle.

1305   1842 En honneur de **Jhr. Mr. Joh. Willem van Vredenburch.** Orateur. Son buste à dr. Rev. Les armoiries. Dirks 607. Mm. 54. Br. Belle.

1306   — Même buste. Rev. Table généalogique de la famille van Vredenburch. Dirks 609. mm. 54. Br. Belle.

1307   — Même buste. Rev. Buste de sa femme **Vrouwe Maria Adriana van Vredenburch Geb. v d. Pot.** Dirks 608. Mm. 54. Br. Belle.

1308   1844. Existance de 75 ans de la Loge *„De Ster in het Oosten"* à **Batavia.** Mm. 50. Br. Belle.

1309   1850. Noces d'argent du Prince **Frédéric** des **Pays-Bas** et **Louise de Prusse.** Hommage des Francs maçons. Dirks 704. Mm. 61. Ar. gr. 67.5. Belle Rare.

1310   — Même médaille en bronze. Belle.

1311   1856. Le Prince Frédéric 40 ans Grand-Maître du Grand Orient des Pays-Bas. Dirks 785. Mm. 62. Br. Belle.

1312   1857. Centenaire de la Loge „La Vertu" à Leyde et J. C. Bucaille pendant 50 ans membre de cette Loge. Dirks 794. Mm. 62. Ar. gr. 65. Belle et rare.

1313   — Même médaille en bronze. Belle.

1314   1866. Le prince Frédéric pendant 50 ans Grand-Maitre du Grand-Orient des Pays-Bas. Superbe médaille par Elion. Mm. 60. Br.

1315   1869. Grade de maître dans les loges des Pays-Bas. Jubilé de 50 ans. Mm. 24. Ar. Rare.

1316   1874. Règne de 25 ans de S. M. le roi **Guillaume III** des Pays-Bas. Hommage des Francs-Maçons. Mm. 52. Br.

1317   1876. Le prince Frédéric pendant 60 ans Grand-Maître des Loges dans les Pays Bas et ses colonies. Mm. 62. Br. Belle.

1318   1898. En honneur de **Julius Hermann Grey** président des 5 loges à Hambourg. Superbe médaille au buste à dr. Mm. 60. Br. Belle.

1319   — En mémoire de **Friedrich Johann Heinrich Glitza** grand-maître de la Grande Loge à Hambourg. Son buste presque de face. Mm. 42. Ar. gr. 30. Superbe. Rare.

1320   — Nouveau temple maçonnique à Genève. Belle médaille par Hantz. Mm. 36.5. Ar. Rare.

MÉDECINS, PHYSICIENS, PAEDAGOGUES etc.

1321   **Aesculape.** Médaille au buste d'Aesculape à g. **Asclepios der Hei-lende.** Rev. Aesculape debout près des trois Parces **Der Retter Naht U. Wehrt der Parze Hand** et à l'ex. **Dank für Hülfe und Rettung.** Mm. 41. Br. Belle.

1322   **Afzelius P. v.** 1835. Médecin suédois PRUDENTI AUDACIA. Son buste à dr. par L. , P . L. Rudolphi 570, n. 2. Mm. 49. Br.

1323   **Arnhem P. C. van.** Méreau d'entrée de 1771 au **Hortus Medicus** à Amsterdam. Ae. t.b.c.

1324   **Bacon Roger** physicien anglais. Son buste à dr. par Gayrard. Rud. 576, n. 1. Mm. 40. Br. Belle.

1325   **Baron Hy. Theod.** Doyen de la faculté de médecine à Paris 1754. Son buste à dr. Jeton en argent, fr. post. Beau.

1326   **Bichat M. F. Xavier.** Médecin. Son buste à g. par Dubour. Rud. 154. n. 3. Mm. 40. Br.

1327   **Blumenbach J.** pendant 50 ans médecin, professeur à l'académie de Göttingue. Son buste à g. Rev. Trois crânes. Rud. 428, n. 1. Mm. 50. Ar. F.d.c.

1328   Même médaille en fer. t.b.c.

1329   **Boerhaave Herman.** Professeur en médecine à Leyde. Son buste à g. par Simon. Rud. 486, n. 2. Mm. 46. Br. Belle.

1330   **Bruggen Albertus ten.** Méreau d'entrée au **hortus medicus** à Amsterdam. Ae. t.b.c.

1331   **Buettner J. Ar. Jos** chef des médecins militaires en Prusse. Jubilé de 1835. Son buste à g. par Brandt. Rud. 440. Mm. 46. Br. t.b.c. Rare.

1332   **Dittel. Léopold Chevalier de.** Médecin renommé à Vienne. Son buste à dr. par Scharff. Rev. Inscr. en 14 lignes. Mm. 58. Br.

1333   **Dodoëns R.** de Malines, professeur en médecine à Leyde. Son buste à dr. par Jouvenel. Mm. 46. Rud. 477, n. 2. Br.

1334   **Donders. Françon Corneille.** professeur oculiste célèbre à Utrecht. Son jubilé en 1888. Son buste à dr. par Menger. Mm. 66. Br. Superbe.

1335   — 9me congrès des oculistes à Utrecht, plaquette carrée en aluminium au buste du professeur **Donders** à dr. Rev. **Prof. Dr. H. Snellen Presidt. v. 9e congrès** par Lankelma. Mm. 63/90.

1336   **Franklin** et **Montyon.** Leurs bustes superposés à g. Rud. 599, n. 10. Br. t.b.c.

1337   **Goercke J.** chirurgien-major prussien. Rud. 397. n. 1. Ar. gr. 18.5. F.d.c.

1338   — Même médaille en bronze. Belle.

1339 **Goethe. Joh. Wolfgang**. von 1832. Son buste à g. par Loos. Rev. Goethe s'élévant dans l'air sur un cygne, Rud. 414.11. Mm. 42. Ar. Belle.

1340 **Graefe. Charles Ferdinand de.** professeur à Berlin et médecin major. Son buste à g. par Pfeuffer. Mm. 47. Rud. 429. Ar. gr. 44. F.d.c.

1341 **Günther D. F.** médecin et professeur à Duisburg. Son buste à g· par Pfeuffer. Rud. 418. Ar. F.d.c

1342 **Guyot. Henri Daniel**. Son buste à g 1840. Existance de 50 ans de l'institut des Sourds-muets à Groningue. Mm. 40. Ar.

1343 — Même médaille en bronze.

1344 **Hagen C. G.** Médecin et professeur à Königsberg. Son buste à g. par Gube. Rud. 407.1. Ar. Belle.

1345 Même médaille en fer. t.b.c.

1346 **Haidinger Wilhelm** physicien de Vienne. Son buste à dr. par Lange. Rev. Le zodiaque. Rud. 467. Mm. 64. Br.

1347 **Holloway**. Halfpenny de 1857. Ae. b.c.

1348 **Hufeland. Christ Guil.** médecin renommé. Buste à dr. par Brandt. Rud. 420.1 Br

1349 **Humboldt. Alexandre de.** Son buste à g. par Pfeuffer. Rev. Lég. en 7 lignes. Rud. 454, n. 3. Mm. 40. Br. Belle.

1350 — Son buste à dr. Rev. Humboldt assis couronné par une femme, superbe médaille par Bubert. Rud. 454, n. 5. Mm. 61. Br.

1351 **Hyrtl. Joseph.** Professeur en anatomie à Vienne. Son buste à dr. par Jauner. Rev. Légende en 14 lignes. Mm. 69. Br. Belle.

1352 **Jenner. Ed.** L'inventeur de la vaccine. Son buste à g. par Loos. Rev. Triumph etc. Rud. 609.7. Mm. 28. Ar. F.d.c.

1353 **Kielmeijer. C. F.** 1834. Physicien allemand. Son buste à g. par Held. Rud. 436. Mm. 41. Br. Belle.

1354 **Knape. Christoph.** médecin et professeur à Berlin. Son buste à g. par Voigt. Rud. 410. Br. Belle.

1355 **Koch. Robert.** Professeur renommé allemand Son buste à dr. Rev. **Ut Sementem Feceris Ita Metes.** Le bâton d'Aesculape. Mm. 50. Ar. f.d c.

1356 **Komensky. Jan Amos.** Paedagogue mort à Amsterdam. Son buste à dr. par Pichl. Rev. Légende en 5 lignes. Méd. de 1892. Mm. 36. Etain.

1357 **Leidenfrost. Joh. Gottlob.** 1793 prof. en médecine à Duisburg. Son buste à g. Rud. 366. Ar. Belle.

1358 **Linné Charles.** Son buste à g. par Dubois. Rud. 537, n. 7. Mm. 40. Br. Belle.

1359 — Son buste à g. par Wurden EN TIBI POMONAE CERERIS FLORAEQUE SACERDOS. Rev. **Société royale d'Agriculture et d'Horticulture Linnéenne.** Mm. 50. Ar. gr. 39. F.d.c.

1360 — Même médaille, petite variété. Ar. gr. 37. F.d.c.

1361 — Même médaille, variété de gravure. Ar. gr. 32. F.d.c.

1362 **Lubin Simon** médecin bruxellois 1835. Son buste à dr. par Le-
clercq. Rud. 499. Mm 50. Br. Belle.

1363 **Mendelssohn. Moses**. physiologiste mort à Berlin en 1786. Rud.
356. Ar. t.b.e.

1364 **Oppenaeim. Hirsch Berend**. 1868 fondateur de la „*Oppenheimer's
Stiftung*. Son buste à dr. presque de face. Mm. 45. Br. Belle.

1365 **Presl. Jean et Charles**. 1852 médecins à Prague. Leurs bustes
opposés Mm. 69. Br. Belle.

1366 **Renard** 1876. Lieuten. Général promoteur de l'exposition d'Hygiène
et de sauvetage à Bruxelles. Son buste à g. par Charles Wiener.
Mm 60. Br. Belle.

1367 **Rinman Sveno** minéralogue suédois 1823. Son buste à dr. par
Frumerie. Rud. 546.1. Mm 40. Ar. Belle.

1368 — Même médaille plus petite. Mm. 31. Ar. Belle.

1369 **Romberg M. H**. médecin à Berlin, méd. de 1867 à son buste à g par
Küllrich. Mm. 63. Br. Belle.

1370 **Rudberg Fréd**. physicien et professeur à Upsala. Son buste à g.
Mm. 31. Ar. F.d.c.

1371 **Rudolphi. Carl Asmund**. Anatomiste célèbre. Son buste à g. par
Koenig. Rud. 412.2. Mm. 42. Br.

1372 **Sander. Friedrich Emil**. professeur en chirurgie à Berlin. Son buste
de face regardant à dr. Mm. 45. Ar. gr. 38.5. F.d.c.

1373 **Swartz Ol**. médecin suédois 1818. Son buste à dr. Rud. 560. Mm.
33. Ar. F.d c.

1374 **Stifft. André Joseph baron de**. premier médecin de l'empereur
d'Autriche. Son buste à dr. par Boehm. Jubilé de 50 ans. Rud.
421.2. Mm. 52. Br. t.b.e.

1375 **Suringar. Willem Hendrik**. professeur en botanie et philantrope.
médaille de la Société néerlandaise. „Mettray" au buste à g. par
Elion. Mm. 62. Br. t.b.e.

1376 **Swagerman. E. P**. Chirurgien à Amsterdam en 1756. Méreau
d'entrée au Hortus medicus. Ae. rare.

1377 **Sylva. Abraham Gomes de**. méreau d'entrée au Hortus Medicus à
Amsterdam de 1722. Ae. t.b.c.

1378 **Theden J. C. A**. 1787. Chirurgien-général prussien. Son buste à
dr. Rev. Légende. Rud. 367. n. 1. Ar. gr. 14. Belle.

1379 **Trommsdorff. J. B**. professeur en chemie et pharmacie à Erfurt.
Son buste à dr. par Koenig. Rud. 422. Mm. 43. Ar. gr. 43. F.d.c.

1380 — Même médaille en bronze, belle.

1381 **Vrolik**. Gérard. professeur en médecine à Leyde. **Jubilé** en 1846.
Dirks 660. Mm. 56. Br. Belle.

1382 **Wargentin. P. W**. 1783. astronome suédois. Son buste à dr. Mm.
31. Ar. Belle.

1383 **Wellenkamp. Jacob.** Méreau d'entrée au Hortus medicus à Amsterdam de 1758. Ae. t.b.c.

1384 **Wendt. Johann.** médecin et professeur à Breslau. Son buste à g. par Pfeuffer. Rud. 437.2. Mm. 41. Br. Belle.

1385 **Winter. J. de.** méreau d'entrée au „Hortus medicus" à Amsterdam de 1805. Ae. t.b.c.

1386 **Zach. Fr. von.** Astronome 1796. Rud. 415. Mm. 28. Ar. Rare.

PESTILENTIA IN NUMMIS.

1387 **Accouchement** de S. A. royale la princesse de **Nassau-Orange** en 1770. v. Loon. Suppl. n. 442. Ar. Belle.

1388 **Asile** de vieux hommes et vieilles femmes catholiques „St. Jacques" à Amsterdam, inaugurée en 1866. Superbe médaille avec vue de l'édifice par Elion. Mm. 70. Br. Belle.

1389 **Aumônerie.** Monnaie du XVme siècle pour les pauvres **d'Utrecht.** DIT IS DER ARMEN. Ecusson de la ville. MONETA . S . MERTIN. v. d. Chijs pl. XXXI, 11. Ar. b.c. fort rare.

1390 **Amsterdam.** Marque pour du pain de 1766 pour les pauvres réformés d'Amsterdam GEREFORMEERD DIACONIEBROOD. Le centre en **Or. Ar. Beau.**

1391 — 1861. Même marque Argent. Cuivre et Etain. 3 ps.

1392 — Marque pour du pain A B (Aalmoezeniers Brood). Ae. carré.

1393 **Anvers.** Marque de charité. Minard p. 234, n. 446. Ae.

1394 **Delft.** 1543. Méreau de l'hospice des pauvres. Ae. b.c. Rare.

1395 — 1577. Méreau des pauvres. Ae. b.c.

1396 **Elberfeld.** Méreau pour du pain 1847. Ae.

1397 **Gand.** Méreau des pauvres de l'église St. Jean. Ae. t.b.c.

1398 — Marque pour un ½ *Liter soep* 5 *Cn.* Ae. F.d.c.

1399 **Leyde.** Méreau de 1758 pour les pauvres de la commune wallonne. Etain.

1400 — Méreau pour les pauvres. Ae. b.c.

1401 — 1573. Méreau pour les pauvres de l'hospice St. Cathérine. Ae. b.c. Rare.

1401a **Wick les Maestricht.** Méreau pour les pauvres de la chapellerie de Notre Dame au rivage. Etain. fort rare.

1402 **Zierikzee.** Méreau de 1585 des pauvres. Ae. t.b.c.

1403 **Bains** à Kissingen „Bedeckung der Heilquellen. Mm. 40. Etain. t.b.c.

1404 **Charité.** Société de Charité existe pendant 25 ans à Amsterdam „Liefdadigheid naar Vermogen" par Begeer. Mm. 50. Br. Belle.

1405   **Choléra** en Italie. CLAVARENSES A DIRO CHOLERA SERVATI VOVEBANT. Vue d'un temple à l'ex. ANNO DOMINI 1837 par Lorenz. Rev. Madone HORTVS CONCLVSVS MARIA PATRONA INCOMPARABILIS. Mm. 49. Br. t.b.c.

1406   **Cholera** à Berlin. *Von der Plage erlöset d. 30 Januari 1832.* Mm. 36. Br. Belle.

1407   **Fundations** philantropiques à Renswoude. Fête séculaire à Utrecht en 1856 au ∙ buste de face de **Marie Duyst van Voorhout** douairière **van Reede van Renswoude.** Mm. 69. Br. Belle.

1408   **Eaux thermales** à Vichy. Jeton octogone à la tête d'Aesculape à dr. Ar. Beau.

1409   **Famine** en Hainaut en 1582. Jeton HANNONIA. Dugniolle 2857. Ae. t.b.c.

1410   **Famine** dans l'Artois en 1587. corne d'abondance avec DABITVR. Dugniolle 3143. Ar. Beau.

1411   **Funérailles. Amsterdam.** Méreau de la commune israëlite. Ae. t.b.c.

1412   **Anvers** 1606. Méreau des funérailles. Ae. t.b c.

1413   **Maastricht.** Méreau des funérailles. Minard p. 195, n 357. Ae. t.b.c.

1414   — Méreau des funérailles de l'église St. Servais en 1828. Minard n. 359. Etain.

1415   **Hôpital.** Surprises données aux blessés de la guerre-franco-allemande dans les lazareths de Hambourg les jours de noël 1870. Mm. 35. Br. Belle.

1416   **Hôpital** allemand à New-York. Fancy-fair en 1889. Etain.

1417   **Hôpital** israëlite à Hambourg érigé en 1841 par **Salomon Heine** en mémoire de **Bethy Heine.** Buste de Heine à g. Mm. 45. Br. t.b.c.

1418   **Hortus medicus** à **Amsterdam** méreau d'entrée de 1684 pour les chirurgiens. Dirks pl. I. n. 3. Mm. 29. Ae.

1419   — Méreau d'entrée pour les chirurgiens au nom de H. W. Riekse. Dirks pl. I. n. 3. Ae.

1420   — Méreau sans nom et sans inscription. Ae. t.b.c.

1421   **Hospice** des pauvres luthériens à Amsterdam inaugurée en 1770. v. Loon. Suppl. 450. Ar. t.b.c.

1422   **Hospice** des vieillards luthériens à Amsterdam inaugurée en 1772. Suppl. 461. Ar. Belle.

1423   **Hospice** des pauvres israëlites à **la Haye** fondée en 1841 par Mr. M. J. v. Gigch. Mm. 41. Br. Belle.

1424   **Inondations** en Allemagne. Médaille du second moitié du XVIIme siècle. Arc au ciel au-dessus d'un paysage inondé, sur l'avant scène un berceau avec un enfant dormant *Wir waren Kinder des Zorns von Natur.* Rev. Enfant baptisé *Wir sind nun Gottes Kinder* etc. Mm. 40. Ar. gr. 26.5. Belle.

1425   **Inondations** dans les Pays-Bas en 1861. Secours porté par le roi Guillaume III. Son buste à dr. par Wiener. Dirks 842. Mm. 63. Br.

1426 **Orphélinat** israëlite à Amsterdam inauguré en 1865. Belle médaille par Elion. Mm. 68. Br. Rare.

1427 **Orphélinat** 1870. Existance de 350 ans de l'orphélinat „Burger
Weeshuis" à Amsterdam. Mm. 27. Br. F.d.c.

1428 **Orphelinat** des réformés à Amsterdam. 2me fête séculaire en 1857.
Mm. 40. Ar. F.d.c.

1429 **Orphélinat** Aalmoesseniers Weeshuis. Un orphelin et une orpheline
tiennent les armoiries d'Amsterdam, au nom de J. Slee. Ae. Beau
Rare.

1430 **Peste à Barcelone** en 1821. MORTE VENALEM PETIERE PAL-
MAM. Mm. 47. Br. t.b.c.

1431 **Peste à Marseille** en 1775. Jeton octogone au buste de Louis
XVI. Ar. rare. t.b.c.

1432 **Sauvetage** de noyés 1790. Médaille ovale de la société à Amsterdam. v. Loon. Suppl. 792. Etain. t.b.c.

1433 **Sauvetage** de noyés, médaille décernée à W. Kok d'Amsterdam
en 1822. Mm. 35. Ar. t.b c.

1434 — décernée à Eldert Kraay à Amsterdam en 1786. Mm. 35.
Ar. F.d.c.

1435 **Société de médecine** de Bordeaux de 1798. Jeton octogone au
buste de Hippocrate, par Farochon en 1858. Ar. F.d.c.

MÉREAUX ET MÉDAILLES MUNICIPALES.

1436 **Alckmar.** Médaille municipale ALCMARIA VICTRIX. v. Loon 1,
168. Ar. Très belle.

1437 **Amsterdam.** Méreau de la corporation des boulangers „*Backers
Ghilt*". Dirks pl. II, 12. Ae. b.c.

1438 Méreau des passementiers „Passementeriewerkers" au nom de
Poulus van Gijn". Ae.

1439 Méreau des Porteurs des tonnaux de bière „Bierdrager Gilt 1663"
au nom de Jacobus van den Bosch. Dirks pl. II n. 16. Ae. t.b.c.

1440 Méreau de la corporation des poulaillers „*Poeliers*". au nom de
Gillis Nuwenbeeck 1723. Dirks pl. III n. 33 sans oiseau au revers.
Ae. b.c.

1441 Méreau des tailleurs (kleermakers) au nom de *Adolf Lindau*.
Compz. Dirks pl. IV, 39. Ae. t.b.c.

1442 Méreau des tonneliers „*Kuipers Gild*" en argent au nom de *1723
Johannis Hoos den 26 Meij Mr. Kuijper*. Disks pl. V, n. 55.
Ar. Belle, fort rare.

1443 Méreau den tonnelliers au nom de *Lucas van Wasbeek.* M.
Kuyper des 4 Mey 1728. Dirks pl. V. n. 55. Ae. t.b.c.

1444   Méreau des Maçons „*Metselaars Gilt*". Méreau d'un chef au nom de ¡*Anno 1803* den 11 october E. Veldhuys Mr. Metzlr. Dirks pl. VI, n. 68. Ae. Belle.

1445   Méreau des Forgerons „*St Eloyen Gilt*' au nom de Dirk van Delft 1774. Dirks pl. VIII, n. 94. Ae. t.b.c.

1446   — Même méreau au nom de Pieter van Nuwenhuyzen 1797. Ae. t.b.c.

1447   — Même méreau au nom de Pieter Eijsen 1804. Ae. t.b.c.

1448   Méreau des charpentiers „*Timmermans of St. Josephs Gild*". Dirks pl. IX, n. 96 au nom de Lambert Hofstee et A. Bonkink. 2 ps. Ae.

1449   Méreau des charpentiers en argent au nom de Hk. Henderiks 4 dec. 1781. Dirks pl. IX, n. 97. Ar. Beau. Rare.

1450   Le même au nom de Evert Evertse 1754. Ae. t.b.c.

1451   Méreau des charpentiers 1706 *De Vlught van Egipten* au nom de *Klaas Akerboom*. Dirks pl. IX, n. 100. Ae. t.b.c.

1452   — Le même au nom de Pieter Jonkman. Ae. t.b.c.

1453   Méreau des Peintres, „*St. Lucas Gild*" au nom de Jan Helmich 1756. Dirks pl. IX, n. 162 Ae. t.b.c.

1454   Le même au nom de Hendrik Hoepeling 1766. Ae. t.b.c.

1455   Le même sans nom. t.b.c.

1456   Méreau des Conducteurs de traineaux „Slepersgild" au nom de Gerrit Luttin 26 Novemb. 1760. Dirks pl. IX, n. 103. t.b.c.

1457   Méreau des porteurs de tourbes „Turfdragersgild". Dirks pl. IX, n. 105. Ae. t b.c.

1458   Porteurs de tourbes. Dirks pl. IX, n. 106. Ae. t.b.c.

1459   Porteurs de tourbes 1639. Dirks pl. IX, 107. Plomb. b.c.

1460   Porteurs de tourbes. Dirks pl. IX, n. 109. Plomb 2 ps.

1461   Méreau des mesureurs „*Setters Gildt*' au nom de *1796 Den 15 Juny is Bernardus Rees Eggeman geworden*. Dirks 141. Ae. t.b.c. Rare.

1462   Méreau de la navigation extérieure „Buitenlands vaardersgilde". Compz. Dirks pl. XVI, n. 170 avec vaisseau à trois mâts entouré de IAN ‹ WARNERS. Rev. Lég. circulaire 1653. THEIS WARNERS * OLDERMAN. Ae. t b.c. Rare.

1463   Méreau des Bateliers „Schuitenvoerders" au nom de Jan Otten 1806. Dirks 85. Ae. b.c.

1464   Méreau des Bateliers N 108 B. Minard p. 42, n. 58. t.b.c.

1465   Méreau du théatre. Minard p. 58, n. 85. Ae. t.b.c.

1466   Méreau des pompiers „Brandspuit" W 32, W 33 et 41. Ae. 3 ps.

1467   Mereau des pompiers de la compagnie pour les Indes-orientales A n. 6. Ae.

1468   Werkhuis te Amsterdam 5 en 10 Cts. 2 ps. Etain.

1469   **Anvers** 1540. Méreau des maçons „Metselaarsgild". Minard n. 7. Ae.

1470 Médaille communale de 1817. Minard n. 42. Ar. Belle.

1471 Méreau des brouetteurs „Kruiers" de 1546. Minard p. II, n. 6. t.b.c.

1472 Méreau des pauvres. Minard p. 30, n. 57. Ae. b c.

1473 **Bois-le-Duc.** Méreau de 1643 des Arbalètriers „Voetboogschutters" St George à dr. IN SHARTOGEN : BOSSCHE 1643. Rev. DEN OVDEN : VOOETBOEG. Arbalète avec une banderolle avec n. 13. Minard p. 150, n. 270. Ae. b.c. Rare.

1474 1705. Médaille municipale. Snoeck n. 4. Ar. F.d.c.

1475 1711. Médaille municipale. Snoeck n. 9. **Ar.** F.d.c.

1476 (1712). Médaille municipale. Snoeck n. 11. Ar. t.b.c.

1477 (1712). Médaille municipale. Snoeck n. 12. Ar. Belle.

1478 1713. Méd. municipale en mémoire de la paix d'Utrecht. Snoeck n. 14. Ar. t.b.c.

1479 1725. Méd. municipale. Snoeck n. 35. F.d.c.

1480 (1726). Méd. municipale avec plan de la ville. Snoeck n. 38. t.b.c.

1481 1727. Médaille municipale. Snoeck 41. t.b c.

1482 1729. Double médaille municipale en mémoire de la prise de Bois-le-Duc par Frédéric Henri en 1629. Snoeck 43. Ar. F.d.c.

1483 1739. Méd. municipale. Snoeck 53. Ar. Belle.

1484 Même médaille. t.b.c.

1485 1741. Médaille municipale. Snoeck 49. Ar. F.d.c.

1486 Même médaille. t.b.c.

1487 1748. Médaille municipale en mémoire de la paix **d'Aix-la-Chapelle.** Mars courant á dr. Snoeck n. 65. Ar. t b c.

1488 1761. Méd. municipale. Snoeck 67. F.d.c

1489 1770. Méd. municipale. Snoeck 75. F.d.c.

1490 1776. Le duc de **Brunswick** pendant 25 ans gouverneur. Méd. municipale. Snoeck 79. Belle.

1491 1785. Double médaille municipale. Snoeck 80. F.d.c.

1492 1785. Médaille municipale. Snoeck 83. F.d.c.

1492a **Bolsward?** Méreau gravé des meuniers. Moulin à vent dans un bel entourage couronné. Rev. Scène biblique „*Jesa 55.1 Psalm 42.2.* Mm. 39. Ar. Beau. Rare.

1493 **Bommel** (Zalt-Bommel). Méreau des pompiers. Av. Armoiries GEMEENTE ZALT BOEMEL. Plomb. b.c.

1494 **Bruxelles.** Méreau de 1789 des „Vettewariers". Ae Beau Rare.

1495 **Cologne.** Méreau de présence du sénat de 1730. t.b.c.

1496 **Delft.** Médaille municipale van Orden pl I, n 5 Ar. Belle.

1497 **Dordrecht.** Méreau du „Coomans Gilde". Dirks pl. XXXVII. n. 2. Ae.

1498 **Flessingue.** Méreau d'entrée à la Sainte Cène SIGIL * ECCLE * FLESS. Ae. Carré.

1499 — Méreau d'entrée à la Sainte Cène. Ae. Octogone.

1500 **Gand.** Méreau des épiciers „Kruideniers" 1672. Minard p. 150. Etain. t.b.c.

1501 Méreau des pompiers „Brand Blusscher". Minard p. 380, n. 14. Br. t.b.c.

1502　Méreau de l'église Saint Jean. Minard p. 383, n. 22. Ae. t.b.c.

1503　Méreau d'église pour les pauvres. Minard p. 385, n. 28. Etain.

1504　Méreau des **pauvres** de la chapelle du St. Esprit. Minard p. 386, n. 33. Plomb.

1505　Méreau de la chambre des pauvres. Minard p. 386, n. 35. Plomb.

1506　**Gouda**. Médaille municipale. Ar. F.d.c.

1507　— Médaille municipale, toute autre gravure. Ar. Belle.

1508　**Harlem**. Méreau des Carabiniers „Buksschutters W. V. (Witte Vendel)". Av. Deux carabines posées en sautoir. Rev. Armoiries de Harlem dessous W -V 39. Minard n. 291 et 292. Ae. t.b.c. Rare.

1509　Double médaille municipale. v. Loon I, 160, n. 1. Ar. t.b.c.

1510　Médaille municipale. v. Loon I, 160, 2. Ar. t.b.c.

1511　Médaille municipale. v. Loon Suppl. 149. Ar. Belle.

1512　**La Haye**. Méreau des Tailleurs „Kleermakersgild" U . P . VAN . KLEM—KERSK—BUSE et Rev. S . IAN 1715. Dirks pl. XLII. 4. Minard p. 109, n. 189. Ae. t.b.c. Rare.

1513　Médaille municipale. v. Orden pl. XIII, n. 1. Ar. b.c.

1514　Méd. municipale. v. Orden pl. I, n. 2. Ar. F.d.c.

1515　Méd. municipale. v. Orden pl. I, n. 4. Ar. F.d.c.

1516　**Den Helder**. Méreau des pompiers. Dirks pl. CXXXVII, n. 5. Ae. t.b.c.

1517　**Hoorn**. Insigne de la Société „Vereeniging van Volksvermaken 1871". Etain.

1518　**Landsmeer**. Méreau des pompiers. Ae. t.b.c. Rare.

1519　**Leeuwarde**. Médaille municipale. Ar. b.c.

1520　— Même médaille en bronze. b.c.

1521　Monnaie du prison de 10 cents. Plomb.

1522　Double médaille municipale, aux armoiries du prince **Guillaume IV**. Ar. Belle.

1523　17—. Médaille municipale, vue de la ville dessous S . P . Q . LEOV—17. Ar. gr. 17. Belle.

1524　**Leyde**. Médaille municipale de 1574. v. Loon I, 196, n. 1. Ar. Belle.

1525　Même pièce. Ar. Belle.

1526　— Médaille municipale. v. Loon I, 196, n. 2. Ar. Belle.

1527　— Médaille municipale. v. Loon I, 196, n. 3. Ar. Belle.

1528　— Méreau de 1758 pour les pauvres de la commune wallonne. Minard p. 173, n. 318. Etain.

1529　— Méreau des pompiers. Dirks pl. XLVIII. n. 8 et 9. 2 ps. Ae.

1530　Méreau des arquebusiers de 1669. Ar. t.b.c.

1531　**Lille**. Méreau d'église, 4 ps. en étain. t.b.c.

1532　**Louvain**. Méreau des Poisonniers „Vischverkoopers". Minard p. 189, n. 316. Ae. t.b.c. Rare.

1533　**Mortagne**. Méreau des pompiers. Ae. b.c. Rare.

1534 **Maastricht** Méreau des cordonniers „Schoenmakersgilde". Dirks pl. XCV, n. 2. Minard n. 334 au nom de *Hendrik van Voers* troué b.c. Rare.

1535 Méreau des Jardiniers „Hoveniersgilde" au nom de Lambert Basteiaen. Dirks pl. XCVI, n. 19. Minard 350. Ae. t b.c. Rare.

1536 Méreau des funérailles des tisserands de rubans. Minard n. 357. Ae. t.b.c.

1537 Méreau des funérailles de l'église Saint Servais. Minard 359. Plomb.

1538 Méreau du St. Servais pour les pauvres, dans le champ III, 1611. Plomb.

1539 **Malines.** Méreau pour les Maîtres des Pauvres M A en monogr. Rev. Le monogr. du Christ. Etain. t.b.c.

1540 **Middelbourg.** Méreau des Tonneliers de 1592. Dirks pl. LXV, 23. Minard n. 366. Ae. troué.

1541 „Mandenmakersgilde". Méreau 1593. Dirks pl. LXV, 28. Rare. Ae.

1542 Méreau des Graissiers „Vettewaariers". Dirks pl. LXXI, n. 48. Minard n. 390. Ae. t.b.c.

1543 Méreau des graissiers. Dirks n. 50. Minard n. 391. Ae. t.b.c.

1544 Méreau des Porteurs de tourbe „Turfdragers". Minard 405. t.b.c.

1545 **Nieuwer-Amstel** Méreau des pompiers. Dirks pl. CXXXVII, n. 11. Ae.

1546 **Nimègue** 1580. Méreau de présence. de Voogt pl. 1, n. 8. Ar. Rare.

1547 **Nurnberg.** Méreau des drapiers *Heinrich Stetisch Commis und Lonzeichen.* Bronze Carré. t.b.c.

1548 **Ouder Amstel.** Méreau des pompiers. Dirks pl. CXXXVIII, n. 16. Ae.

1549 **Oostzaan.** Méreau des pompiers. Dirks pl. CXXXVIII, n. 14. Ae. Rare.

1550 **Rotterdam.** 1714. Médaille municipale. v. Loon Suppl. 32. Ar. Belle.

1551 — 1689. Médaille municipale en mémoire du couronnement de Guillaume III roi d'Angleterre. Ar. t.b.c.

1552 **St. Bernard** (Belgique). Correctie Huis. 20 Cents. Etain.

1553 **St. Omer.** Méreau d'église. 2 var. 3 ps.

1554 **Tournai** 1792. Méreau. Av. Château aux trois tours, le champ semé de lis. Rev. 1792. Ae.

1555 — Méreau de l'église de 1661, contremarqué de 1705 et 82 et autre de 17- contremarqué de 1761, 1783 et 34. Ae. 2 ps.

1556 **Utrecht.** Méreau des tonneliers „Kuipers". Dirks pl. CII, n. 8 au nom de Lourens Broeckhuyse den 25 April 1714. Ae.

1557 Méreau des passementiers „Passementiers Gildt". Dirks pl. CII, n. 10. Ae.

1558 Méreau pour du vin des gardes civiques 1661. Ar.

1559 **Workum**. Méreau gravé en argent des cordonniers. Armoiries couronnées. Rev. deux souliers *Fetse Reen den 15 February 1749*. Mm. 45. Ar. Inédit, fort rare.

1560 **Weert** 1566. Méreau des tusserands. Ae. b.c.

1561 **Westzaan-Overtoom**. Méreau des pompiers. Dirks pl. CXXXVIII, n. 17. Ae.

1562 **Wormer**. Méreau des pompiers. Dirks pl. CXXXVIII, n. 24. Ae.

1563 **Ypres**. Méreau des funérailles. Minard 429. Ar.

1564 **Ypres**. 1863. Médaille municipale. Ar. F.d.c.

1565 1854. Médaille municipale. Ar. F.d.c.

Monnaies des Empereurs, Rois, Princes laïques et de l'église, des républiques, villes etc.

1566 **Allemagne-Autriche. Ferdinand I**. Thaler s.d. FERDINAND . D . G ROM . VNG . BOE . DAL . CROA . ETC . REX. Son buste à dr. Rev. INF . HISPA . ARCHIDV—X AVSTRIE . DVX . BVR. Ar. Beau.

1567 1558. Thaler FERDI . D . G . RO . VNG . BOE . DAL . CRO . Z& . REX. Rev. INF . HISPA . ARCHID . AVST . D : BVRG ´ 1558. Ar. t.b.c.

1568 **Fedinand II** 1623. Thaler. Ar. t.b.c.

1569 **Charles VI** 1713. Thaler. Ar. Beau.

1570 **Franz Joseph I** 1852. Conventions Thaler et 1866 Double Thaler. 2 ps. Belles.

1571 1879. Double Florin aux bustes des l'empereur et de l'impératrice. t.b.c.

1572 **Amérique. Etats-Unis**. 1872. Dollar, Essai et 1870 Half-Dollar Essai, 2 ps. Superbes.

1573 **Angleterre. Edouard III**. Quart de Noble ✠ EDWAR o ANGLI o FRANC o D'o LY. Armoiries. Rev. ✠ EXAL-TABITVR o IN o GALLORI. Or. t.b.c.

1574 **Edouard VI** 1551. Crown. Le roi à cheval à dr. fut troué. b.c. rare.

1575 **James I**. Half Crown au buste à dr. b.c.

1576 **The Commonwealth** 1651. Half pound. 1653. GOD . WITH . VS. Les armoiries juxtaposées dessus X. Rev. THE COMMON-WEALTH . OF ENGLAND. Or. Beau. Rare.

1577 **Guillaume III**. 1696. Half Crown au buste à dr. sous le buste B. Ar. b.c.

1578 **Anne** 1707. Half Crown. Ar. t.b.c.

1579 — 1714. Shilling. Ar. t.b.c.

1580 **George** I. 1723. South Sea Crown. Les armoiries accostées de SS . C. (South Sea Company). Ar. t.b.c. Rare.

1581 **George IV** 1821 Crown. Ar. t.b.c.

1582 **Victoria** 1887. Pièce de 5 *Pounds* au buste de la reine à g. Or. Superbe.

1583 **Bohème. Wenceslas.** Gros de Prague. * * * GROSSVS PRAGENSES. Ar. b.c.

1584 **Brandebourg. Friedrich.** Florin d'or de Swobach MONETA NOVA AVR SWOBACH. Or. t.b.c.

1585 **Friedrich III** 1690. 2/3 Thaler, armoiries accostées de I — E. Ar. t.b.c.

1586 -- 1695. 2/3 Thaler. armoiries entre IC - S * Ar. t.b.c.

1587 **Brunswick. August** 1638. Thaler au sauvage. AUGUS : HERTZOG . ZU : BRAUN . UND . LU. Ar. t.b.c

1588 **August** 1655. Quadruple Thaler (Breiter Thaler zu 4 Species) AUGUSTUS V . G . G . HERZOG . ZU . BRUNSWIJK . UND . LUNABURG Le duc à cheval à dr. Rev. ALLES . MIT . BEDACHT . ANNO . 1655 H . S. Armoiries à cinq heaumes. Reimm 3565. Ar. Beau.

1589 **Rudolf August** et **Anton Ulrich** 1702 Gulden au sauvage. Ar. Beau.

1590 **Carl** 1829. Doppele Pistole ou pièce de *Zehn Thaler*. Son buste en uniforme à dr..fr. sur flan bruni. Or. F.d.c.

1591 **Carl Wilhelm Ferdinand** 1795. Species Thaler. Ar. Beau.

1592 **Neu-Wolfenbüttel. Wilhelm** 1831. *10 Thaler gold*. WILHELM HERZOG V . BR . U . LUEN. Rev. * X * THALER . 1831 . C . V . C. Knijph. 8336. Or. F.d.c.

1593 1834. *Doppelpistole* (10 Thaler gold) WILHELM HERZOG. Armoiries couronnées, dessous Z . BR . U . L. Knijph. 8339. Or. Belle.

1594 **Brunswick Lunebourg.** à *Celle*. **Christian.** 1630. Thaler. CHRISTIANUS . D . G . EL . EP . MIND . DUX . B . ET . LU. Son buste à dr. Rev. 1630 * IN * SPE * ET * . . . * SILENTIO * Armoiries. Ar. t.b.c.

1595 **George** à *Calemberg* 1639. Thaler. GEORG . HERTZOG ZU . BRAUNS : UND . LU. Son buste à g. Rev. AUFF . GOTT . TRA . --- . WE . ICH . AO . 1639. Armoiries heaumées. Ar. Beau.

1595a **Georg Wilhelm** 1652. Thaler au sauvage GEORG . WILHELM . HERTZOG . ZU . BR . U . LU. Ar. t.b.c.

1596 **Christian Ludwig** à *Celle* 1650. Thaler. Reimm 3747. t.b.c.

1597 — 1663. Thaler au cheval libre. Compz. Reimm. 3753. Ar. t.b.c.

1598 **Ernst August.** Gulden de 1685 au cheval libre. Ar. F.d.c.

1598a — 1695. Gulden au buste. Ar. t.b c.

1598b — 1694. Gulden au buste et au cheval. Ar. t.b.c.

1599 **Brunswick-Hanovre. George Ludwig** 1701. Thaler au St. André. Ar. t.b c.

1600 **George I** 1718. Thaler au buste à dr. GEORGIUS . D . G . MAG . BRIT . FR . ET . HIB . REX . F . D. Rev. Armoiries. BRUN . ET . LUN . DUX . S . R . I . ARCHITH . ET . EL . 17—18. Ar. t.b.c.

1601   1726. Thaler au sauvage GEORGIUS--D . G . MAG . BR . —
FR . ET . HIB--REX . FID . D. Armoiries posées en croix.
Ar. Beau.

1602   **George IV** 1826. 2/3 Thaler. Ar. t.b.c.

1603   **Brême.** 1865. Thaler en mémoire du 2me tir „*Zweites Deutsches
Bundes-Schiessen in Bremen*". Ar. Beau.

1604   **Breslau. Mathias II** 1613. *Double Ducat* MATTHIAS . D : G .
ROM . IM : S : A : GER : HVN . BOHE (HE en monogr.) REX .
D : SILES : Buste couronné à dr. Rev. * MONETA . AVREA .
S . P . Q . WRATISLAVIENSIS. Armoiries couronnées et orne-
mentées, dans le champ 16 13. Cpz. v. Saurma. no. 83. Or. t.b.c.

1605   **Chaux de Fonds** 1863. 5 Francs. *Tir. fédéral* à la *Chaux-De-Fonds*.
Ar. F.d.c.

1606   **Christiansbourg** (colonie danoise) **Christian VI** 1740. Ducat avec
vue du fort CHRISTIANS BORG . I . GUINEA. Or. t b.c.

1607   **Cologne. Thierry de Moers.** Florin d'or de Riele. Or. t.b.c.

1608   Florin d'or de Bonn. Or. t.b.c.

1609   (ville) 1701. Thaler MON : NOVA : ARG : CIVITATIS . CO-
LONIENSIS. Ar. b.c.

1610   **Colombia** 1820. Peso de *Gundinamarca*. Ar. t.b.c.

1611   -- Centesimo s.d. **Haiti** 1846. 6 et 2 centimes. **Paraguay** 1870 2
centesimos. Ae. 4 ps.

1612   **Danemarc. Christian IV** 1624. Double Mark au roi debout. Ar. t.b.c.

1613   **Christian V** 1694. IIII Marck Danske au monogramme couronné
du roi dans une branche de laurier. b.c.

1614   **Ecosse. Jacques VI.** 1602. „*Swordand sceptre piece*". * . IACOBVS .
6 . D . G . R . SCOTORVM. Armoiries couronnées. Rev. SALVS .
POPVLI . SVPREMA . LEX. Epée et sceptre en sautoir, dessous 1602. Or. t.b.c.

1615   **Emden.** 1689. Thaler. MON : NOV : ARG . CIVITA . EMBDENS :
ALB—VA. Chevalier armé portant l'écusson à g. entre 16—89.
Ar. t.b c.

1616   **Emmerick Jean I de Clèves.** Florin d'or ΩOΠƷ — ΠOVⵣ —
ⵣVRƷ — ƷΩRI. Armoiries sur une croix coupant la légende.
Rev. . IOҍS . ᗡVⵣ ᗡ—LIVƷ' Z . ᗡO'Ω. St. Jean au
dessus des armoiries de Clèves. Or. b.c. troué.

1617   **Espagne. Charles V et Jeanne.** Réal fr. pour la Mexique. Ar. b.c.

1618   **Ferdinand et Isabelle.** Ducat FERDINANDVS : ET : ELI : Armoiries couronnées. Rev. † : QVOS : DEVS : CVNIVNSIT :
OMO. Bustes opposés, entre ces bustes S. Or. Beau.

1619   — Pièce de *8 Reales* FERDINANDVS : ET . ELISABET etc.
Armoiries. Ar. b.c. troué. Rare.

1620   **Ferdinand VI.** 1748. Peso fr. pour la Mexique. Ar. t.b.c.

1621   — 1760. Piastre barbare fr. à Potosi. Ar. Rare.

1622   Réal de Ferd. et Isab. et 10 Ore de Suède de 1874. Ar. 2 ps.

1623   **Florence.** République, **Ferdinand III** 1794. *Pièce de 3 Zecchini*.
Grande fleur de lis FERDINANDVS . III . D . G . A . A . M .
D . ETR. Rev. Saint Jean Baptiste assis. Or. gr. 10,5. Belle.

1624 **France. Epoque mérovingienne.** Tiers de Sou OHOAHIAM. Buste à
dr. Rev. BONIOTVNIA CIVITAS. Victoire de face. de Belfort
pl. 223, n. 6140. Or. t.b.c. Rare.

1625 Triens Tête diadémée à dr. Rev. Victoire debout TVQONQATCOV
et à l'ex. COMO. Or.' t.b.c.

1626 Tiers de Sou COLOIVIA ANVS? Buste à dr. Rev. Victoire.
Prou p. 256, n. 1169. Or. a.b.c.

1627 **Louis le Débonnaire.** Obole ✠ HLVDOVVICVS IMP. Croix canton-
née de 4 globules. Rev. XPSTIANA RELGIO. Temple. b.c. Rare.

1628 **Philippe le Bel** 1285/1314. *Gros tournois.* ✠ PHILLIPVS .
REX. Rev. ✠ TVRONV . SICIVIS. Ar. Beau.

1629 **Charles V.** Franc à pied. Le roi sous un portail. Or. t.b.c.

1630 **François I.** Ecu du Dauphiné. Or. b.c.

1631 — Même pièce, var. Or. b.c.

1632 **Louis XIV** 1652. Ecu au buste à dr. Ar. t.b.c.

1633 — 1652. Louis d'or fr. à **Lyon** à la tête enfantine à dr. Or. Beau.

1634 — 1655. Ecu de France Navarre et Béarn fr. à Saint André les
Avignon. Ar. t.b.c. Rare.

1635 1693. *Louis d'or* aux quatre L fr. à **Limoges.** Hoffm. pl. XCIII,
26. Or. Beau.

1636 — 1694. Louis d'or fr. à **Nantes.** Or. Beau.

1637 **Louis XV** 1716 Demi Ecu fr. à Strassbourg MONETA . NOVA
ARGENTINENSIS. Ar. b.c.

1638 — 1718. Ecu de Navarre. Ar. t.b.c.

1639 **Louis XVI** 1784. Ecu. Ar. t.b.c.

1640 1792. Ecu au génie, l'an 4 de la Liberté. Ar. t.b.c.

1641 1793. Ecu constitutionnel fr à Paris. Ar. t.b.c.

1642 **Napoléon I.** An 12. 5 Francs. fr. à **Paris.** Ar. t.b.c.

1643 — An 12. 5 Francs fr. à **Toulouse.** Ar. t.b.c.

1644 **An 13.** 5 Francs fr. à **Paris.** Beau.

1645 — 1 Franc et 1/4 franc an 13 fr. à Paris. Ar. F.d.c. 2 ps.

1646 An 13. 5 Francs fr. à **Turin.** Ar. t.b.c. Rare.

1647 An 14. 5 Francs fr. à **Turin.** Ar. t.b.c. Rare.

1648 1806. 5 Francs fr. à **Paris.** Beau.

1649 — 5 Francs fr. à **Strassbourg.** Ar. Beau.

1650 1808. 5 Francs fr. à **Lille.** t.b.c. Rare.

1651 1811. 5 Francs fr. à **Lyon.** Beau.

1652 — 5 Francs fr. à **Turin.** Ar. t.b.c. Rare.

1653 1812. 5 Francs fr. à **Turin.** t.b.c.

1654 1812. 5 Francs fr. à **Rome.** Ar. t.b.c.

1655 1813. 5 Francs fr. à **Utrecht.** Ar. t.b.c.

1656 1814. 5 Francs fr. à **Perpignan.** Ar. Beau.

1657 Empereur 1815. **Cent jours** 2 francs fr. à **Paris.** Rare, Ar. t.b.c.

1658   **Louis XVIII** 1815. 20 Francs fr. à **Paris**. Or. Beau.

1659   **Louis Philippe** 1831. 20 Francs fr. à **Lille**. Or. Beau.

1659a **Charles X** 1827. *Essai en or* d'une *pièce de 5 francs* en mémoire
       de la visite de la Monnaie à **Lille**. Avers Buste, à **g**. CHARLES X
       ROI DE FRANCE. Rev. SA/MAJESTE/CHARLES X/VISITE/SA
       MONNAIE/DE LILLE/LE 3 SEPTEMBRE/1827/. Sur la tranche
       ✠ DOMINE ∽ SALVUM ∽ FAC ∽ REGEM. Or. Gr. 42. F.d.c.
       Rare.

1660   1836, 41, 46. et 48 1/4 franc. 1860 (Rép.) 20 cent. 1867 (Nap. III)
       20 cent; 1809 et 1811 5 soldi pour l'Italie. Ar. 8 ps. F.d.c.
       et t.b.c.

1661   **Napoléon III** 1853. Pièce de 5 Centimes en mémoire de la visite
       de l'Empereur à la Bourse à Lille. Essai. Ar. F.d c. Rare.

1662   **Frankfurt a/M.** 1844. 6 Kreuzer et 1856 même pièce avec vue
       de la ville. Ar. F.d.c. 2 ps.

1663   **Gènes.** République. **Biennali.** Doge 1795 *Pièce d'or de 96 Lire*.
       DUX . ET . GUB . - - REIP . GENU. Ecusson couronné. Rev.
       ET . REGE . − EOS . 1795 . − L . 96. La Madone assise aux
       nuages tenant sceptre et l'Enfant. Or. Gr. 25.2. Belle.

1664   **Hohenlohe. Ludwig Friedrich Carl** 1804. 1 6 Thaler au buste.
       Ar. Beau.

1665   **Hornes. Philippe de Montmorency.** Thaler au St. Martin à cheval à g.
       PHS' * BAR * D * MONTM' * C' o AB−HORN * D' * D *
       WIERT. Ar. b.c.

1666   — Quart de Thaler PHS' * BAR' * D * MONTMO * AB * HORN *
       D⁰ * D * WIERT: Ar. t.b.c.

1667   **Hong-Kong** 1899. One Dollar. Ar. Beau.

1668   **Hesse. Philippe II** 1552. Thaler. PHILIP . D . G . LANDG .
       HASSIE . C . K . D . 3 N . A 1552 . FIER . FE * Son buste à g.
       Rev. BESS . LAND . V . LVD. V . LORN . ALS . EN FALSCH .
       AIDGESCHWORN. Cinq armoiries P--SE--D . — · S. Reim
       3988. Coulé.

1669   **Ludwig II** 1833. Kronenthaler. Beau.

1670   **Jever. Marie.** 1567. Thaler MARIA o C o D o V o FR o T o IEVER o
       RV o OS o V o VV Armoiries heaumées Rev. NACH o DES o
       H o REICHS o SCRODT o VND o KORN o. Daniel dans la
       fosse aux lions. Ar. t.b.c.

1671   **Anthon Günther d'Oldenbourg.** Sechs Stüber. Ar. t.b.c.

1672   **Liège. Rodolphe de Zaeringen** 1167--91. Denier. De Chestret 119.
       Ar. t.b c.

1673   **Albert de Cuyck** 1194 - 1200. Denier. de Chestret 142. t.b.c.

1674   **Jean d'Enghien** 1274—81. Esterlin au lion fr. à Huy. de Chestret
       207. Ar. t.b.c.

1675   **Adolphe de la Marck** 1313—44. Double tiers de gros fr. à Huy.
       de Chestret 236. Ar. t.b.c.

1676 Quart de gros fr. à Huy, de Chestret n. 237. Ar. t.b.c.

1677 Quart de gros fr. à Avroie, de Ch. 238. Ar. t.b.c.

1678 **Jean de Bavière** 1389 -1418. Demi griffon, de Chestret 291. Ar. b.c.

1679 **Jean de Heinsberg** 1419 55. Heaume fr à Hasselt, de Ch. 315. Ar. b.c. Rare.

1680 **Jean de Hornes** 1484 – 1515. Fusil, de Chestret 400. Ar. a.b.c. Rare.

1681 **Sede vacante** 1771. Ecu au St. Lambert S . LAMBERTUS PA-TRONUS LEODIENSIS 1771. Rev. Armoiries MONETA NOVA CAPLI . LEOD . SEDE . VACANTE. de Chestr. n. 697. Ar. Très beau.

1682 **Luxembourg. Wenceslas II** 1383 – 88. *Double Gros.* Serr. n. 10. var. Ar. t.b.c.

1683 **Mansfeld** *à Schraplau.* **Volrath V. Johann et Carl.** 1563. Thaler. VOLRAT * IOAN * ET * CARL * FRATRES * Ar. t.b.c.

1684 **Peter, Bruno, Gebhard** et **Hans Georg** 1587. Thaler PEE . BRUNO — GEB . HA . CO . P. Ar. t.b c.

1685 **David** 1608. Thaler au S. George, dans le champ BEI GOT — IST RATH VND THAT. Ar. t.b c.

1686 **Franz Max** et **Heinrich Franz** 1687. Ducat. Reimm. 740. Or. b.c.

1687 **Mayence. Jean de Nassau.** Florin d'or de Bingen IOhIS : ꓮR — Ɔ — PꟿꓮGVꟿT. Rev. MO — ꓫƎTꓮ . OPI . PIꟿGƎ. Or. t.b.c.

1688 **Metz.** 1660. XII Grote et 1657 XII Grote. Ar. 2 ps.

1689 **Monaco. Honoré II** 1653. Scudo. Ar. b.c.

1690 **Münster.** 1660. Obsidionale carrée d'un 1/2 Thaler. Mailliet pl. 87.3. Ar. t.b.c.

1691 **Musocco. Jean Jac. Trivulzio.** Seigneur. *Grosso da SS. 6.* Rossi n. 2861. Ar. t.b.c.

1692 **New South Wales.** 1813 Monnaie de nécessité de *Fifteen Pence.* Atkins p. 337. n. 34 t.b.c.

1693 **Nurnberg** 1703 *Quadruple Ducat.* Les trois écussons MONETA — AVREA REIP — NORIMB. Rev. L'Agneau à g. pACEM DA' nobIs ChrIstE benIgne. Or. Gr. 14. Beau.

1694 **Ordre Teutonique. Maximilien.** S.d. 1/4 Thaler. Rev. Chevalier entouré de 15 écussons. Reimm. 8647. Ar· t.b.c.

1695 **Ostfrise. Edzard Christian** et **Johan** 1564. Thaler au buste de **Ferdinand** à dr. Ar. t.b.c.

1696 **Portugal.** Carlos I. 1898. 4me fête séculaire de la découverte des Indes 1000, 500 et 200 reis. Ar. F.d.c.

1697 **Pérou Charles IV** 1790. Medio Peso de proclamation fr. à *Huancavelica.* Ar. t.b.c. fort rare. fut troué.

1698 1825. Peso au buste de Bolivar fr. à *Cuzco.* Ar. t.b.c. Rare.

1699 1838 Peso fr. à *Cuzco.* Ar. Beau.

1700 1839. 1 1/2 Peso fr. à *Lima* en mémoire de la nouvelle constitution. Ar. t.b.c. Rare.

1701 **Rome. Adrien VI.** Double Zecchine ADRIANVS VI . PONT . MA. Armoiries surmontées des insignes. Rev SANCTVS . PETRVS . ALMA . ROM. St. Pierre dans le navire. Or. t.b.c. fort rare.

1702 **Rome. Pie VI**. 1777. *Double Doppia*. Tige de lis FLORET . IN DOMO —DOMINI * — 1777. Rev. S. Pierre assis aux nuages APOSTO-LOR : — PRINCEPS * — à l'exergue . P . — 60. Or. Gr. 11. Beau.

1703 Siège vacant de 1774. Demi Scudo. Ar. t.b.c.

1704 **Pie VI** 1787. *Double Doppia* fr. **à Bologne** PIVS . VI PONT . MAX . A . XIII. Fleur, dessous 1787. Rev. BONON . DOCET. Deux armoiries juxtaposées et dessous 2 . DOP . Or. t.b.c. Rare.

1705 **Pie VI** 1797. Madonnina. 5 Baïocchi. Ae.' b.c.

1706 Siège vacant 1823. Demi Scudo. Ar. t.b.c.

1707 Grégorire XVI. 1846. Scudo. Ar. t.b.c.

1708 **Russie. Elisabeth I.** 1761. 6 et 5 Kopeckes. 3 ps. b.c.

1709 **Salzbourg. Wolf Dietrich.** S.d. Demi Thaler, l'écusson à six quartiers. Ar. t.b c.

1710 **Guidobald** 1668. 1,4 Ducat. Or. t.b.c.

1711 **Max Gandolf** 1677. Thaler. Zeller 26. Ar. Beau.

1712 1681. 3 Kreuzer. Ar. t.b.c.

1713 **Sigimund III.** 1760. Thaler. Zeller 34. Ar. Beau.

1714 — 1769. Thaler. Zeller 38. Ar. Beau.

1715 **Hironyme** 1778 et 1795. 20 Kreuzer. 2 ps.

1716 **Ferdinand** électeur 1805. Kreutzer. Ar. t.b.c.

1717 **Savoie. Emmanuel Philippe.** 1580. Scudo d'oro. F . PHILIB . D . G . DVX SABAVD. Armoiries. Rev. IN TE . DOMINE . CON-FIDO . 1580. Croix fleuronnée accostée de F—E —R—T. Or. t.b.c.

1718 **Saxe. Friedrich III.** (1518). Thaler s d (Schaustück) FRID' . DVX , SAX'—ELECT' IMPER—QVE . LOCVM : TEN—E'S , GENERA' Buste au bonnet à dr. Rev. MAXIMILIANVS . ROMANORVM . REX . ⁂ . SEMPER ⁑ AVGVST. Aigle portant les armoiries d'Autriche. Madai 487. Ar. Beau. Rare.

1718a **Johann Philippe, Friedrich Johann et Wilhelm.** 1624. Thaler aux 4 bustes. Ar. t.b.c.

1719 **Schwarzbourg. Friedrich Gunther**. 1841. Doppelthaler. Ar. t.b.c.

1720 **St. Galle.** 1621. Thaler à l'ours debout. Ar. t.b.c.

1721 — Thaler de 162? Ar. b.c.

1722 **Suède. Carl XI.** 1670. 2 *Marck*. Son buste à g. Ar. t.b.c.

1723 **Carl XIV Johann.** 1831. 1|2 Riksdaler. Ar. Beau.

1724 **Suisse. Rép. helvétique** 1856. 5 Francs fr. sur flan bruni. Ar. F.d.c.

1725 **Transvaal. Kruger.** 1892. 2|2 *Shillings* au buste. Ar. t.b.c.

1726 — 1894. 2|2 Shillings. Ar. t.b.c.

1727 **Tournai. Albert et Isabelle.** 160?. Couronne d'or ALBERTVS ET—ELISABET . D : G . Armoiries couronnées. Rev. ARCHI . AVST .DVCES . BVRG . ET . DOM . TOVR. Or. Rare.

1728 **Transylvanie. Sigismund Bathori.** 1595. Thaler. Ar. Beau.

1729 **Michael Apafi.** 1684. Ducat de Fogaras. Mont. 1076. Or. Beau.

1730 **Turquie, Maroc.** Piastre et subdivisions. Ar. gr. 60, 7 pièces intéressantes.

1731 **Uruguay.** 1877. Peso. Ar. t b.c.
1732 **Vienne.** 1888. Thaler du tir fédéral. III DEUTSCHES BUNDES —
      SCHIESSEN WIEN 1888. Schwalb 303. Beau.
1733 **Württemberg. Charles.** 1871. Double Thaler en mémoire de la
      réconstruction du Münster à Ulm. fr. sur flan bruni. Ar. F.d.c.
1734 **Zoug.** 1621. Thaler. MONETA . NO . CANTONIS . TVGIENSIS.
      Ar. b.c.
1735 **Zurich.** 1756. Demi Thaler avec vue de la ville. Ar. t.b.c.

VARIA.

1736 Double Thaler de baptême du Harz, Avers le baptême *tauffes
      sie im* etc. Rev. Inscription en dix lignes dans le champ dessous
      (2). Ar. t.b.c.
1737 Thaler de baptême du Harz, Monétaire R. B. Compz. Knyph.
      7296. Ar. Beau.
1738 Lot de monnaies diverses. Ac. 47 pièces.
1739 Lot intéressant de monnaies en argent et billon. 7 ps.
1740 Lot de 41 monnaies et médailles de divers pays.

Monnaies des provinces unies des Pays-Bas du Royaume de la Hollande et des Pays-Bas Monnaies du Brabant et de la Flandre.

1741 **Gueldre,** *Duché.* **Charles d'Egmond.** 1492 –1538. *Clemmergulden*
      (Florin d'or au St. Jean) sans les anuelettes dans le champ. v. d.
      Ch. pl. XV, 2. Or. t.b.c.
1742 — Florin d'or au cavalier KAROLVS × DVX × GELR—IVL'
      × Œ × 3V' × Cpz. v. d. Chijs pl. XV, 9. Or. t.b c.
1743 — Florin d'or au cavalier. Or. t b c.
1744 *Snaphaan* (¼ Rijksdaalder). v. d. Ch. pl. XVIII, 38. Ar. Beau.
1745 **Philippe II.** Demi réal d'or. Buste à dr. DOMINVS . MICHI .
      ADIVTOR. Rev. Armoiries PHS . D   G. HISP . REX . DVX .
      GEL. v. d. Chijs pl. XXIV, 4. Or. t.b.c.
1746 — Demi réal d'or PHS . DEI . G . HISP . REX . DVX . GEL.
      v. d. Chijs pl. XXIV, 4. variété. Or. b.c.
1747 1557. Ecu Philippe au titre de roi d'Angleterre. v. d. Chijs pl.
      XXV, 9. Ar. t.b.c.

1748   1558. Même pièce. type de pl. XXV, 10, var. inédite avec
       o PHS . D . G . HISP . ANG . Z . REX . DVX . GELR . 1558
       Ar. Beau et rare.

1749   1563. Ecu Philippe PHS . D : G . HISP . Z . REX . DVX . GEL
       sans cercle intérieure v. d. Chijs pl. XX, 12. Ar. t.b.c.

1750   1566. Demi Ecu Philippe, v. d. Chijs pl. XXVI, 17 var. PHS .
       DEI . G . HISP . Z . REX . DVX GEL 15 ✛ 66. Ar. t.b.c.

1751   1567. ¹/₅ Ecu Philippe Compz. v. d. Chijs pl. XXVII, 26. Ar. t.b.c.

1752   1574. *Ecu Philippe*. Var. de v. d. Ch. pl. XXV, 13 avec PHS .
       D . G . HISP . REX. Ar. t.b.c. Rare.

1753   **Albert et Isabelle.** Double Sou fr. à **Roermond** D . G . ARCHI-
       DVCES . AVS . DVC . GEL. Ar. b.c. Rare.

1754   — Double Liard de 1607 fr. à Roermond. Ae. t.b.c. Rare.

1755   **Province.** *Rosenoble.* MON—ETA . NOVA . AV . DVC . GELRLÆ .
       COM . Z. Rev. DEVS . TRANSFERT . ET . CONSTITVIT .
       REGNA. de Voogt n. 20. Or. b.c. fort rare.

1756   Oord de 1591 au buste de Philippe II. Compz. Verk. pl. 18 n. 1.
       Ae. t.b.c.

1757   1598. *Gehelmde Rijksdaalder* (Ecu heaumé et au buste du prince
       Guillaume I) VIGILATE . DEO . CON—FIDENT—ES . 1598.
       Rev. MO . NO . ARG . DVC . GELRLÆ . CO . ZVT ✛ Verk.
       pl. 8.3, de Voogt n. 101. Ar. Beau et rare.

1758   1606. *Ducat.* Cpz. Verk. pl. 2,2. de Voogt n. 116 Or. t.b.c.

1758a 1641. *Leeuwendaalder* (Ecu au lion). Var. inédite de Verk. pl 11,
       n. 1 et de Voogt n. 239 avec PRO : CO . - FOE. Ar. t.b.c. Rare.

1759   1649. *Ducat.* Var. de de Voogt n. 258 avec RES — . P —
       ARVA CRES GEL. Var. de Verk. pl. 2.2 le chevalier couronné.
       Or. t b.c. Rare

1760   1650. Rijksdaelder au buste de chevalier portant écusson MO
       ARG . P—RO . CONFOE . BEL . G—EL. Verkade pl. 9.1.
       Ar. t.b.c.

1761   1655. Même pièce MO . ARG . PRO—CONFOE . BELG . GE—LR.
       Ar. t.b.c.

1761a 1659. *Rijksdaelder* frappé en *piedfort* au chevalier debout tenant
       l'écusson provincial. Verk. pl. 9.3 var. de Voogt pl. XII, 1. Ar.
       Gr. 56. t.b.c. Fort rare.

1762   1660. Rijksdaelder à l'homme debout MO . NO . ARG . PRO . CON—
       FOE . BELG . D . GEL . C . Z. Rev. CONCORDIA RES
       PARVÆ CRESCVNT. Verk. pl. 9.3 var. Ar. t.b.c.

1763   1660. Même pièce. Variété avec . MO . et . CONCORDIA : RES :
       PARVÆ : CRESCVNT. Ar. t.b c.

1764   1681. Escalin des Etats contremarqué au faisceau de flèches.
       Verkade pl. 16.1. Ar. t.b.c.

1765   1691. Escalin des Etats. Verkade pl. 16.2. Ar. b.c.

1765a Lot de Dutes avec 2 pour les Indes 12 pièces.

1766   1707. Rijksdaelder à l'homme debout type de Verkade pl. 10.2
       de Voogt n. 381. Ar. b.c.

1767 1708. Rijksdaelder. Même type. Compz. pl. 10.2. Ar. t.b.c.

1768 1713. Gulden. Verkade pl. 14.2. Ar. b.c.

1769 1755. Dute fr. en argent. t.b.c.

1770 1759. ¼ Florin. Verk. pl. 14.6. Ar. t.b.c.

1771 1763. Ducat CONC . RES . PAR . CRESC . D . G . & C . Z. Or. t.b.c.

1772 1764. Florin. Verkade pl. 14, n. 2. de Voogt 521. Ar. Beau.

1773 1765. Florin. Verk. pl. 14.2. Ar. t.b.c.

1774 1774. Ducaton. Verkade pl. 5.1. Ar. t.b.c.

1775 1786. Florin. Verk. pl. 14.2. t.b.c.

1776 1720. Dute fr. en argent. Beau.

1777 **Nimègue** Florin d'or au St. Etienne * MONETA o NOVA o AVREA o NOVIMAG. Double aigle Rev SCS o STEPHAN— PROTHOM o de Voogt 27. Or. t b.c.

1778 Florin d'or (Cnapkoek) var. de v. d. Chijs pl. 1 n 3 avec S o STEPHAN — PROTHO — o Or. t.b.c.

1779 s. d. Thaler. NVMVS * ARGEN * REIPVBLICÆ * NOVIMAGIEN Armoiries heaumées Rev. DNE * NE * STATVAS — ILLIS * Ho * PECCA. Le Saint debout à dr entre S — S, de voogt 49 f var. t.b.c.

1780 1686 Escalin des Etats „Statenschelling" Veikade pl. 23.3 Ar. t.b.c.

1781 1686 Double Sou et Double Sou de la Gueldre 2 ps. Ar.

1782 1691. Escalin „Statenschelling" Verkade pl. 23.4 Ar. t.b.c.

1782a **Zutphen** 1688. Statenschelling. Verk. pl 26.5. b.c.

1783 1687. Florin. Verkade pl. 25.4 var. MO NO . ARG . CIV ZVTPHANIÆ. Ar. t.b.c.

1784 1691. Escalin. Verk. pl. 26.5. Ar. b.c.

1785 **Arnhem.** Dute. Verkade pl. 38.3. Ar. t b.c.

1786 **Batenbourg Guillaume** 1559. Thaler au buste du Seigneur à g GVIL * D — BRONC * LIB — BA * D * D * BA — TENBO. Rev. FERDI' * ELEC * ROMANO' * IMPE' * SEM' * AVGVST * 59 Double aigle, v. d. Chijs. pl. XI n 25 Ar. b.c.

1787 1559. Thaler au buste à g. var. de pl. XI. 25 avec GVIL * D — BRONC * LIB * — BARO * D * BA — TENBO. Ar. b.c.

1788 Ecu au lion var. de pl. XIII 38 avec MONETH * NOVA * ARGENTEA * BATENBORGEN. Ar. b.c.

1789 **Guillaume.** Demi Ecu au lion, type de v. d. Chijs pl. XIII.38 de Voogt n 40. Ar. a.b.c. Rare.

1790 **Herman Théodore.** Sou. Verkade pl. 209 n 5 Ar. b.c. Rare.

1791 **'s Heerenberg. Guillaume** IV. Thaler au St. Oswald v. d. Chijs. pl. XIX.17. Ar. t.b.c.

1792 Thaler au St. Oswald fr à Hedel v. d. Chijs. pl. XIX.17. Ar. b.c.

1793 Thaler au St. Oswald v. d. Chijs. XX.21. Ar. t.b.c.

1794 **Frédéric** 1577. Thaler au buste à dr. var. de Serrure pl. VI.71. Compz. Verkade pl. 130.3. Ar. b.c.

1795 1578. Thaler au buste à g. FREDERICVS . C . D . MONT
etc. Ar. a.b.c.

1796 1580. Thaler au buste à g. FREDERI . CO . D . MON . BA .
HO etc. de voogt 57. Ar. b.c.

1797 **Hollande.** *Comté* **Florent III et Florent de Hollande.** Denier, 3 ps.

1798 **Guillaume V.** 1846—59. Chaise d'or (Clinkaert) var. de v. d. Chijs
pl. V. 4 avec GVILLELM · DVX × etc. Or. t.b.c.

1799 Gros tournois WILHELMVS DVX *contremarqué à la rose* v. d.
Chijs. pl. VI.22 var. Ar. Beau et fort rare.

1800 — Florin d'or au duc debout. v. d. Chijs pl. V n. 8. Or. t.b.c.

1801 Gros pl. VI n. 23 et 26 **Jean de Bavière.** Double gros pl. XII.
11. Ar. 3 ps.

1802 **Albert de Bavière** 1359—1404. Gros. v. d. Chijs pl. VII, 8,
Ar. Beau.

1803 **Philippe le Bon** et **Jacqueline.** Chaise d'or v. d. Chijs pl. XIII.
2. Or. t.b.c.

1804 **Maximilien** et **Philippe** Double briquet de 1488. v. d. Chijs pl.
XIX, n. 23. Ar. t.b c. Rare.

1805 **Philippe le Beau** 1499. Double Sou. Ar. b.c.

1805a **Charles V.** 1551. Escalin à l'aigle. v. d. Chijs pl. XXXVIII.
n. 42. Ar.

1806 **Philippe II.** 1557. Ecu Philippe au titre de roi d'Angleterre PHIL-
LIPPVS . D : G . HISP . ANG . Z . REX . C . HOL . 1557.
Rev. DOMINVS — MIHI — . ADIVTOR. v. d. Chijs pl. XXIX, 16.
var. Ar. t.b.c.

1807 1568. Ecu à la croix de Bourgogne. Var. de pl. XXXIII, 58 avec
HOL ❧ Ar. t b.c.

1808 1572. *Demi Ecu Philippe.* v. d. Chijs pl. XXXI, 25. Ar. t.b.c.

1809 1575. Double Liard pl. XXXV, n. 82. Ae. b.c.

1810 1576. Liard. v. d. Chijs pl. XXXIV, n. 73 et 74. 2 ps. Ae. t.b.c.

1811 1587. *Unierijksdaalder met B.b. van Leycester* en de wapens der
zes provincien in een schild (*Ecu au buste de Leycester*) ❧ CON-
CORDIA — . RES . PARVÆ . CRESCVᵒ — HOL. Rev. ✕ MO .
ORD . PROVIN . FOED . BELG . AD . LEG . IMP. Verk. pl.
46.1. Ar. Beau et fort rare.

1812 1587. *Halve Unierijksdaalder* als voren. (Demi écu au buste de
Leycester et aux armoiries des six provinces dans un écusson)
Verk. pl. 46.2. Ar. Beau et fort rare.

1813 1591. Ecu au buste à dr.VIGILATE ✕ DEO ✕ CONF—IDENTE
—S ✕ 1591 ✕ Rev. MONETA ✕ NOVA ✕ ARG ✕ COMIT
✕ HOL ✕ ❧ ✕ Armoiries heaumées. Verkade pl. 45.3 Ar. t.b c.

1814 1601. Escalin à la rose. Verkade pl. 55.1. Ar. b.c.

1815 1624. *Halve Rijksdaalder met den halven man* (Demi Ecu) type de
Verk. pl. 46.5. Ar. b.c. Rare.

1817 1655. Ecu au lion MO . ARG . PRO . CON — FOE . BELG . HOL . . Chevalier tenant les armoiries. Rev. CONFIDES . DNO . NON . MOVETVR . 1655. Verkade pl. 49.1. Ar. t.b.c.

1818 1660. Ecu au chevalier debout portant armoiries MO . NO . ARG PRO . CON--FOE : BELG . CO . HOL. Verkade pl. 47.2. Ar. b.c.

1819 1702. Dute fr. en argent t.b.c.

1820 1740. Sou au faisceau de flèches. Or. Beau.

1821 1748. Double Ducat. Or. t.b.c.

1822 1749. Demi Florin. Ar. F.d.c.

1823 1749. Demt Florin, 1738 Sou, 1678 Double Sou de Westfrise et 1857, 10 Cents des Indes. 4 ps. Argent.

1824 1753. Dute en argent pour les Indes. t.b.c.

1824a 1756. Dute fr. pour les Indes et 1757 Demi Dute pour les Indes 2 ps'. Argent.

1825 1765. Sou au faisceau de flèches. Or. t.b.c.

1825a 1772. Demi Ducaton. pl. 42.2. Ar. b.c.

1826 1774. Ducat Or. Beau.

1827 1776. Double Ducat. Escalin au navire fr. en or. t.b.c.

1828 1790. Florin. Ar. Beau.

1829 1791. Florin. Ar. b.c.

1830 1794. Florin. Ar. Beau.

1831 Lot de Sous et Double Sous. Ar. 15 ps.

1832 Lot de Dutes. 15 pièces. Ae.

1832a **Amsterdam.** 1673 pendant l'invasion des Français. *Ducaton frappé sur flan carré* MON : NOV : ARG : CON--FOED . BELG : PROF . HOL . Chevalier en galop au-dessus de l'écusson couronné de la Hollande. Rev. CONCORDIA -RES -PARVÆ CRESCVNT 1673. Armoiries couronnées des Etats, dessous petit écusson couronné de la ville **d'Amsterdam.** Compz. pour le type Verk. pl. 43.3 et Mailliet Suppl. pl. 3, n. 16. Ar. Mm. 46. Gr. 65.5 *Beau et fort rare.*

1833 **Gorinchem.** Dute. Verkade pl. 58.3. Ae. t.b.c.

1834 **Vianen. Henri de Brederode.** Lira . S . PETRVS III PONT . MAX. Buste à dr. Rev. MONET * NOVA . ARGENTE . D . I . VY. Incounu à Verkade Ar. b.c. Rare.

1835 **Westfrise,** *Province* s.d. Sou MO . NO . ORDIN . WESTFRISIÆ. Cpz. Verkade pl. 73 2. Ar. b c.

1836 1590. Sou MO NO ORDIN WESTFRISIA. Verkade pl. 73.2. b.c.

1837 1593. *Ecu heaumé* et au buste du prince Guillaume I (Gehelmde Rijksdaalder) DEVS . FORTITVDO . ET . SPE−S . NOSTR —A . 1593. Rev. MONE . NO . ARG . DO--MI . WESTFRISIÆ Verk. pl. 63.3. Date inconnue à Verk. Ar. t.b.c. Rare.

1838 1596. *Ecu au buste* . avec ET . SPES . Ar. t.b.c.

1839 1597. Ecu au buste . DEVS FORTITVDO . ET . SP --- ES . NOSTR — A . 1597. Rev. Armoiries heaumées MONE . NO . ARG . DO -- MI . WESTFRISIÆ. Verk. 63.3. Ar. t.b.c.

1840   1593. Même pièce DEVS . FORTITVDO ET SPS . NOSTR — A . 1599 . Rev. MONE NO ARG DOMI WESTFRISIÆ Ar. t.b.c.

1841   1601. Escalin à la rose. Verkade pl. 71.4. Ar. b.c. Rare.

1842   1620. *Rijksdaelder* met den halven man (Ecu à l'homme à demi-buste). Verk. pl. 64.3. Ar. t.b.c.

1843   1621. Même pièce. avec PRO . — CONFOE . Ar. t.b.c.

1844   1622. Même pièce avec . MO . ARG . PRO . — CONFOE . Ar. t.b.c.

1845   1659. Même pièce. Ar. b.c.

1846   1678. Escalin au navire. Verk. pl. 72.4. Ar. t.b.c.

1847   1696. *3 Florins* var. de Verkade pl. 69.3. avec. HAC . NITIMVR — HANC . TVEMVR et MO : ARG : ORD : FÆD : BELG : WESTF. Ar. troué.

1848   1716. Essai carrée d'un escalin au navire Ar. Belle. Rare.

1849   1734. Florin. Verkade pl. 70.1. Ar. b.c.

1850   1750. Demi cavalier d'or. Or. t.b.c.

1851a   1772. Rijksdaelder à l'homme debout portant écusson. MO : NO : ARG : PRO : CONFOE : BELG : WESTFRI : Verk. pl. 65.5. Ar. Beau. Rare.

1851   1762. Florin. Verkade pl. 70.2. Ar. t.b.c.

1852   1777. Ducat. Verkade pl. 59.5. Or. t.b.c.

1853   1791. Florin. Ar. Beau.

1854   1793. 3 Florins pl. 69.4. Ar. Beau.

1854a   1793. Pièce de 3 Florins. Verk. pl. 69.4. Ar. t.b.c.

1855   1793. Florin. Ar. Beau.

1856   1794. Florin. Ar. F.d.c.

1857   Double Sou 1678. 1679 et Sou de 1730. Ar. 3 ps

1858   Lot de Dutes. 5 pièces.

1859   **Zélande**, *Province*. Oord (Double Dute). Ae. 4 ps.

1859a   1573. Ecu Philippe à la croix de Bourgogne de 1569 contremarqué de l'écusson de Zélande. Ar. Beau et fort rare.

1859b   — Ecu Philippe. fr. à Anvers de 1573, contremarqué à l'écusson de Zélande. Cpz. Mailliet Suppl. pl. 46.1. Ar. t.b.c. Rare.

1860   1658. Double Ducat. Verk. pl. 78.3. Or. t.b.c. Rare.

1860a   1601. Escalin à la rose. Verkade pl. 92.4. Ar. b c.

1861   1672. Hoedjesschelling. pl. 93.3. Ar. t.b.c.

1861a   1683. Hoedjesschelling. Compz. Verk. pl. 93.3 contremarqué au faisceau de flèches. b.c.

1862   1680. Escalin (Hoedjesschelling). Verk. pl. 93.1. Ar. a.b.c.

1863   1687. Double Daelder ou pièce de 10 Escalins. Var. de Verk. pl. 90.4. Ar. t.b.c.

1864   1695. Rijksdaelder à l'homme deb. Verkade pl. 86.3. Ar. b.c.

1865   1696, 1699. Double Sou. Ar. 3 ps.

1866   1733 et 1738. Double Sou. 2 ps. Ar.

1867   1733. Escalin „Hoedjesschelling". Verk. pl. 93.3. Ar. t.b.c.

1868   1754. Escalin au navire fr. en piedfort. Compz. pl. 93.4. Ar. Beau.

1869   1754. Escalin au navire. Ar. t.b.c.

1870   1760. Cavalier d'or (14 Florins). Or. Beau.

1870a 1761. Demi cavalier d'or, Halve gouden rijder. Verk. pl. 79.4.
       Or. Beau.

1871   1764. 1/4 Rijksdaelder. Verk. pl. 87.3. Ar. b.c.

1872   1765. 1/8 Rijksdaelder pl. 87 4. Ar. t.b.c.

1873   1766. 1/4 Rijksdaelder pl. 87.3. Ar. t.b.c.

1874   1765. 1/8 Rijksdaelder p. 87.4. Ar. t b.c.

1875   1780. Escalin au navire. Verk. pl. 93.4. Ar. t.b.c.

1876   1785. Escalin au navire. Ar. t.b.c.

1877   1786. 1/4 Rijksdaelder. Ar. b.c.

1878   1786. 1/8 Rijksdaelder. Verk. pl. 87.4. Ar. t.b.c.

1879   1790. Escalin au navire. Ar. t.b.c.

1880   1791. Escalin au navire. Ar t.b.c.

1881   1793. Rijksdaelder à l'homme deb. Verk. pl. 87.1. Ar. b.c.

1882   1793. *Demi Rijksdaelder* MON : NOV : ARG . PRO : CONFOE
       (monogr.) D : BELG . COM : ZEL. Au rev. deux étoiles au
       dessus de la couronne. Cpz. Verk. pl. 87.2. Ar. F.d.c.

1883   — 1/8 Rijksdaelder pl. 87.4. Ar. t.b.c.

1884   1793. Escalin au navire. t.b.c.

1885   Lot de Sous. Ar. 8 ps.

1886   Lot de Dutes. 17 pieces. Ae.

1887   **Utrecht**. Epôque mérovingienne. Tiers de Sou fr. par **Rimoaldus**
       TRIECTOFIT. Buste à dr. Rev. RIMOALDVS M. Croix canton-
       née de trois globules dans un grénétis. Or. t b.c. Rare.

1888   *Evêché* **Bernoulphe**. Denier de Groningue, var. de pl. I, 16. Ar. t.b.c.

1889   **Jean de Virnebourg**. Botdraeger de Zallant. v. d. Chijs pl. XI, 2.
       Ar. b c. Rare.

1890   **David de Bourgogne**. Double harpe. v. d. Chijs, pl. XVI, 4. Or.
       t.b.c. Rare.

1891   — Florin d'or au St. Martin SANCTVS × — MARTIN' .
       EPIS. var. de pl. XVII, 9. Or. t.b.c.

1892   *Seigneurie* **Philippe II**. 1569. *Ecu à la croix de Bourgogne* (Kruis-
       daelder). v. d. Ch. pl. XXIV, 18. Ar. Beau et rare.

1893   Même pièce. Ar. t.b.c.

1894   — 1573. *Ecu Philippe* var. de pl. XXIII, 3 avec PHLS . D : G.
       HISP . REX . DNS . TRAIEC . 1573 et cercle intér. Rev.
       Deux globules entre les mots. Ar. t.b.c. Rare.

1895   — 1575. *Ecu Philippe*. Type de pl. XXIII, n. 4. avec PHLS :
       D : G : HISP : Z : REX : DNS : TRAIEC 15 (pétit écusson) 75.
       Ar. b.c.

1896 *Province.* 1587. Ducat. Verkade pl. 98.3. Or. t.b.c.

1897 1597. Ducat. Verk. pl. 98.3. Or. Beau.

1898 1603. Ecu au buste VIGILATE * DEO * CONF — IDENTE —
S 16—03, Rev. MO * NO * ARG * ORDINVM * TRAI * Verkade pl.
103 n. 1. Ar. b.c. Rare.

1899 1616. Ecu au lion. Verkade pl. 107 n. 4. Ar. t.b.c.

1900 1653. Double Ducat. pl. 98.1. Or. t b.c. Rare.

1901 1664. Rijksdaalder à l'homme debout *fr. en piedfort.* Verkade
pl. 105.1. Ar. gr. 55.5. b.c. Rare.

1902 1668. Ducaton MO . NO . ARG . PRO . CON-FOE . BELG .
TRAI. Verkade pl. 99.3. Ar. t.b.c. Rare.

1903 1686. Daelder aux trois écussons. Verkade pl. 109.4. Ar. t.b.c.

1904 1692. Daelder de 30 Sous, var. de pl. 109.4 avec CRESCVNT.
Ar. t.b.c.

1905 1694. Rijksdaelder. Verk. pl. 105.3. Ar. a.b.c.

1906 1758. ¼ Florin Verk. pl. 111, 6. Ar. t.b.c.

1907 1759. ¼ Florin. Essai fr. en or. Verkade pl. 111.6. Or. gr. 7. Rare.

1908 — Même pièce argent.

1909 1761. Demi Cavalier d'or, Pièce de 7 Florins. Verkade pl. 99.2.
Or. Beau.

1910 1761. Ducaton. pl. 100.3. Tranche fleuronnée. Ar. F.d.c.

1911 1767. Ducaton. Ar. t.b.c.

1912 1775. Demi Florin. Ar. Beau.

1913 1779. Double Ducat. Or. Superbe.

1914 1780. Demi Ducaton. Verk. pl. 100.2. Ar. t.b.c.

1915 1784. Ducaton pl. 100.3. Ar. Beau.

1916 1786. Pièce de 3 Florins. Ar. Belle.

1917 1790. Florin. Ar. Beau.

1918 1791. Ducaton. Verkade pl. 100.3. Ar. Beau.

1919 1793. Pièce de 3 Florins. Ar. t.b.c.

1920 1793. *Demi Ducaton.* Verk. pl. 100.4. Ar. Beau.

1921 1794. Pièce de 3 Florins. Ar. Belle.

1922 1794. Pièce de 3 Florins. Ar. t.b.c.

1923 1794. *Demi Ducaton.* pl. 100.4. Ar. F.d c.

1924 1794. Florin. Ar. b.c. doré.

1925 1739 et 1770. Dute fr. en argent. 2 ps. F.d.c.

1626 Dute de 1765 fr. en argent et Sou de 1738. Ar. 2 ps.

1927 Lot de Dutes. 16 pièces. Ac.

1928 **Overijssel.** *Seigneurie.* **Philippe II.** 1567. ⅓ Ecu Philippe v.
d. Chijs. pl. XIX.11. Ar. b.c.

1929 *Province.* Ducat fr. à Campen au titre de **Philippe II.** Verkade
pl. 133.5. Or. Beau. Rare.

1930 1583 *Demi Rijksdaelder aux trois armoiries heaumées* au titre
de l'Empereur **Rudolph II d'Autriche**. TRIVM † CIVI' † IMP'' †
DAVEN' † CAMPEN' † ZWO' Armoiries heaumées des trois
villes, dessous dans le champ 15—83. Rev. RODOL' . II . D' .
G' . ELEC' . RO' . IM' . SEM' AVGVS' . Inconnu à Verk.
Inédit Ar. t.b.c. fort rare.

1931 (1597). Double Daelder fr sur flan bruni en mémoire de la bataille
de Turnhout LIBERTATEM . NEMO . BONVS . NISI . CVM .
ANIMA . SIMVL . AMISIT. Le prince Maurice à cheval à dr
au-dessus de la ville de Turnhout. Rev. INSIGNIA — ORDINVM
☺ TRANSISSVLANIÆ. Quatre écussons, Overijssel, Deventer,
Campen et Zwolle entourées de 17 écussons. Manque à Verkade
v. Loon I 494 n 3. Ar. Beau. Rare

1932 1607. Rijksdaelder au buste MO . ARG . PRO — CONFOE .
BELG . TRAN — SI . Verkade pl. 138,1. Ar. t.b.c.

1933 1659. Rijksdaelder à l'homme debout. Verkade pl. 139,1. Ar. b.c.

1934 1660. Rijksdaelder à l'homme debout. MO : NO : ARG : PRO
— C — ONF : BELG : TRAN : Verkade pl. 139,1. Ar. t.b.c.

1935 1724. Florin, Verk. 141,4. Ar. b.c.

1936 1789. *Rijksdaelder* à l'homme debout tenant écusson fr. à **Har-
derwijk** (marque monétaire une grue, de Cramer) MO : NO :
ARG : CONFOE . (OE monogr.) — BELG : PRO : TRANSI'.
Rev. ☺ CONCORDIA : RES : PARVÆ : CRESCVNT. Marque
monét. Ar. Beau et rare.

    Gravure plus soignée que celui de Verk. pl. 139.2.

1937 Escalin des Etats, Dutes d'Overijssel et de Reckheim. 10 ps.

1937a **Deventer, Campen, Zwolle.** 1583. Rijksdaelder aux trois écussons
heaumés et au titre de l'Empereur Rudolpue II. RODOL' † II' †
D' † G' † ELEC' † RO' † IM' † SEM † AVGVS' Double aigle
couronné. Rev. TRIVM † CIVI' † IMPE' † DAVEN' † CAMPEN' †
ZWOL' Verk. pl. 146.1 variété. Ar. t.b.c.

1937b — Même pièce, variété avec AVGVST' et petites rosettes entre
les mots. Rev. avec ZWO'. Ar. Beau.

1937c **Campen.** Escalin à l'aigle au titre de Ferdinand. Ar. b.c.

1938 1629. Sou et Double Sou. Ar. 2 ps.

1938a Escalin à l'aigle (Arendschelling). Verk. pl. 165 2. Ar. b.c.

1939 1652. *Leeuwendaalder*. (Ecu au lion) MO . ARG . CIVI . IM —
P . BEL . CAMPEN. Verk. pl. 163.1. Ar. Beau et rare.

1940 1659. *Rijksdaelder*. Cpz. Verk. pl. 161.3. le lion sans couronne,
glaive et flèches. Ar. Beau. Rare.

1941 1685. Achtentwintig FLOR . ARG . CIVI — IMP . CAMPEN
* — * 85 * contremarqué à l'écusson aux 7 flèches. Verkade
pl. 164 4. Ar. t.b.c.

1942 1686. Escalin des Etats. Verk. pl. 166.1. Ar. b.c.

1943 1691. Escalin des Etats. Ar. b.c.

1944 1691. Même pièce. Ar. b.c. 3 ps.

1945 Escalin des Etats contremarqué au faisceau de flèches. Ar. b.c.

1946 Double Sou de 1677 et 1679. Ar. 2 ps.

1917 **Deventer.** Florin d'or. Verkade pl. 147.2. Or. a.b c.

1948 1683. Double Sou. Ar. b.c.

1949 1686. Escalin des Etats. Verk. pl. 156.2. Ar. b.c.

1950 1688. Escalin des Etats. Verk. pl. 156.2. Ar. b.c.

1951 1698. 3 Florins avec inscription sur tranche. Verkade pl. 83.5. Ar. b.c. troné.

1952 **Zwolle,** Florin d'or MO . AVR . IM . — CIVIT . ZWOL . Armoiries heaumées. Rev. RVDOL . II . D . G . ELEC . RO . IM . SEM . A. Verkade pl. 168.1. Or. t.b.c.

1953 *Dubbele Stuiver* (Groschen, type allemend) RVDOL . II . DG . ELEC . RO . IM . SEM . AV . Globe crucigère avec 24, dans le champ 16.02. Rev. MON . ARG . IMPE . CIVITA . ZWOLL . St. Michael tenant l'écusson de la ville. Verk. pl. 177.4. Ar. b.c. *Rare. Date rare.*

1954 MDCLXXXIX. Escalin des Etats. Verk. pl. 177.3. Ar. b.c.

1955 1689. Escalin des Etats. Verk. pl. 177.2. Ar. a.b.c.

1956 1691. Escalin des Etats. Ar. b.c.

1957 Dute de 1639. Ae. b.c.

1958 Lot de 7 Escalins de Deventer, Campen et Zwolle et 2 autres pièces Ar. 7 ps. Intéressantes.

1959 **Frise.** Oort (Pietje). 3 ps. Ae.

1959a 1596. Moitié de la pièce de 3 Florins ($^1/_2$ Driegulden) Ar. b.c.

1959b 1598. *Arendsrijksdaelder* (Ecu au buste au bonnet) MONETA † NOVA † ORDINVM † FRIS.E † Verk. pl. 121.3. Ar. Beau et rare.

1959c 1601. *Kwart Achtentwintig* (Pièce de 7 Sous) pl. 127.4. Ar. t.b.c.

1959d 1688. *Halve Achtentwintig* (Pièce de 14 Sous) MONETA . ARGEN . ORD . FRIS. Var. de Verk. pl. 127.3. Ar. b.c.

1959e 1721. Florin. Ar. t b.c.·

1960 **Groningue,** *Province.* Lot de Dutes et Oortjes. Ae. 11 ps.

1961 1623 et 1629. Sou. Ar. 2 ps.

1962 *Province.* 1685. Florin de 28 Sous contremarqué de GO. Verkade pl. 181.2. Ar. b.c.

1963 1691. Escalin des Etats. Verk. pl. 182.3. Ar. b.c.

1964 1761. Demi Cavalier d'or (7 Florins). Or. t.b.c.

1965 1771. Dute. Ae. t.b.c.

1966 Dute de 1771. Ae.

1967 *Ville.* Escalin au cavalier de 1691. Verkade pl. 186.1. Ae. b.c.

1967a 1626. Pièce de VIII Sous au St. Martin pl. 185.3. Ar. b.c.

1968 **République Batave.** 1795. Rijksdaelder fr. à Middelbourg. Ar. t.b.c. Rare.

1969 1795. **Pièce de 3 florins** pour la **West-Frise** avec autel ornementé Louis XVI. Verk. pl. 69.6. Ar. t.b.c. Rare.

1970 1803. Rijksdaelder à l'ancien type fr. à Utrecht. Ar. t.b.c.

1971 1805. Dncat fr. à Utrecht. Or. t.b.c.

1972 1805. Rijksdaelder fr. à Utrecht. Ar. Beau.

1973 — Même pièce. Ar. t.b.c.

1974 1806. Ducat fr. à Utrecht.

1975 1806. Rijksdaelder à l'ancien type fr. à Utrecht. Ar. t.b.c. Rare.

1976 **Royaume de Hollande.** Louis Napoléon 1806. Ducat à l'ancien type d'Utrecht. Or. t.b.c.

1977 1807. Ducat au chevalier à l'ancien type fr. à Utrecht. Or. t.b.c.

1978 1808. Rijksdaelder à l'ancien type d'Utrecht. Ar. Beau.

1979 — 50 Sous au buste du roi à dr. Ar. t.b.c.

1979a 1809. Ducat au buste et aux armoiries. Or. Beau.

1980 1810. Ducat au buste et aux armoiries. Or. F.d.c.

1981 **Hollande sous l'empire français. Napoléon I,** 1813 20 Francs fr. à Utrecht. Or. t.b.c.

1982 1813. 5 Francs fr. à Utrecht. Ar. t.b.c.

1983 Lot de monnaies hollandaises. Ar. 6 ps.

1984 **Royaume des Pays-Bas. Guillaume I** 1819. Ducat. Or. Beau.

1985 1819. Ducat. Or. Beau.

1985 1821. 3 Florins. Ar. t.b.c.

1986 1824. 3 Gulden. Ar. t.b.c.

1987 1827. Pièce de 5 Florins. Or. t.b.c.

1988 1829. *Demi florin* fr. à *Bruxelles*. Ar. F.d.c. Rare.

1989 1830. 3 Gulden. Ar. t.b.c.

1990 1832. Drie Gulden. Ar. t.b.c.

1991 1834. 1/ *florin* pour les Indes Orientales. Ar. Belle.

1992 1826 et 1885. 1/4 florin pour les Indes 1826 quart de florin 1825 et 1827 10 cents 1825 10 cents. Ar. 6 ps.

1993 Lot de 8 monnaies hollandaises et une pièce espagnole. 9 ps. Ar.

1994 Lot de Dutes, Cents pour les Indes. 7 pièces. Ae.

1995 **Guillaume II** 1843. 5 Florins. Or. F.d.r. Rare.

1996 1848. 10 Florins (Negotiepenning). Or. F.d.c. Rare.

1997 **Guillaume III.** 1851. 10 Florins (Negotiepenning). Or. Beau.

1998 **Wilhelmina** 1895. 10 Florins. Or. Beau. Rare.

1999 Lot de monnaies des Pays-Bas. 14 ps. Argent.

2000 Lot de dutes, cents, des provinces. Indes etc. 46 ps. Ae.

Monnaies obsidionales et de nécessité.

2001 **Alkmaar** assiégée par les Espagnols 1573 Obsidionale carrée de VI Sols. v. Loon I, 67 n. 1. Maill. pl. 12. Etain. t.b.c.

2002 **Bréda** assiégée par les Espagnols 1625 Obsidionale de 40 Sols. Maill. pl. XIII, 13. v. Loon II, 157, n. 3. Ar. b.c.

2003 1625. Obsidionale de 40 Sols fr. en étain. v. Loon II. 157.3. Maill. pl. XV, 4. Etain. t.b.c.

2004 1625. Obsidionale de 40 Sols. v. Loon II, 157 1. Mailliet pl. XVII. 12. Etain. a.b.c.

2005 **Bruxelles** assiégée par les Espagnols 1580 Obsidionale de 36 Sols. v. Loon I, pl. 278, n. 2 Cpz. Maill. pl. XX. 2. Etain. t.b.c.

2006 **Hollande.** Guerre du 80 ans avec l'Espagne (1573). Ecu Philippe de 1561 du Brabant contremarqué à la rose de Dordrecht. Cpz. Mailliet pl. LI, 2. Ar. t.b c. fort rare.

2007 1573. Monnaie de nécessité. Demi Ecu Philippe de Gueldre contremarqué au lion de Hollande. Cpz. Maill. pi. LI, 3. b.c.

2008 **Maestricht** assiégée par les Espagnols 1579. Monnaie de nécessité de XVI Sols. Ae. 2 ps. a.b.c.

2009 **Schoonhoven** 1575 assiégée par les Espagnolso bsidionale de XII Sols. v. Loon I, 209, n. 2. Mailliet pl. CI, n. 1. Etain. b.c.

2010 **Tournai** assiégée par les alliés. 1709. Pièce de 2 Sols. Maill. CXII. 21. Ae. a b.c.

2011 **Zélande.** Guerre de 80 ans. Ecu d'or de Louis XII roi de France contremarqué de l'écusson aux armoiries de la Zelande. Or. b.c. Cpz. Mailliet pl. LI, 1. Or. b.c.

2012 — Invasion des Français 1672. Escalin au chapeau. Mailliet pl. CXXX. n. 1. Ar. t.b.c.

2013 **Zierikzee.** 1576. Ecu obsidional. v. Loon I, 215, n. 2. Maill. pl. CXXXI, n. 13. Ar. t.b.c. Rare.
   Voir aussi les n. 1832a, 1859a et 1859b.

2014 **Brabant.** Jean I. Denier de Vilvorde Jean II Esterlin de Bruxelles **Jean III** Esterlin de Louvain. Ar. 3 ps.

2015 **Jean II** 1294—1312. *Esterlin au chastel* fr. à *Bruxelles*. de Witte pl. XII, 307. Ar. Beau.

2016 **Philippe le Beau.** Florin d'or au St. Philippe S ✠ PhꞒ ✠ INTERGꞒꝹ ✠ etc. Rev. PhS ✠ ꝹꞒI ✠ GRꞺ ✠ ꞺRChIꝹ ✠ ꞺVSTRIꞒ ✠ ꝹV✠ ✠ BVRG' ✠ B'. v. d. Chijs pl. XXI.1. de Witte 598. Or. t.b.c.

2017 — Florin d'or St. Philippe, var. avec S ✠ PhꞈS ✠ INTERGꝹ et ꞺVSTꞒ ✠ ꝹV✠ ✠ B'G' ✠ B ✠ Z. Or. b.c.

2018 **Charles V.** Minorité. 1509 *Double Sol.* Ar. b.c.

2019 — Florin d'or Carolus. KAROLVS . D' . G' . ROM' . IMP' . Z . HISPAR . REX ⚬ Rev DA . MICHI . VIRTVT . CONTR . HOSTES . TVOS. Or. t.b.c.

2020   Demi réal d'or. KAROL'—D ⁙ G ⁘ RO—IMP ⁙ Z ⁙ H—ISP ⁙ REX.
       de Witte n. 660. Or. b.c.

2021   — Demi réal d'or var. avec KARO'—D ⁙ G ⁙ ROM—IMP ⁙ Z ⁙
       HI—SP ⁙ REX. Or. t.b.c.

2022   — Demi réal d'or. Autre variété. Or. b.c.

2023   **Philippe II.** 1576. *Ecu Philippe* fr. à **Bruxelles** avec main, comme
       marque monétaire d'Anvers et avec **B** dans le champ derrière la
       tête. de Witte pl. LXII, n. 718. Ar. b c. Rare.
       Du 24 Oct. 1576 au 25 Janvier on frappa à Bruxelles avec des **coins
       anversois** des Daldres au nom de Philippe.

2024   1588. Ecu Philippe fr. à Anvers. de Witte 788. Ar. b.c.

2025   1591. Ecu Philippe fr. à Anvers. Compz. de Witte 788. Ar. b.c.

2026   1592. *Daldre Philippus* fr. à **Bruxelles** PHS . D : G . HISP .
       Z REX . DVX . BRA . 15 B 92. de Witte pl. LVI, 886. Ar.
       b.c. Rare.

2027   **Philippe IV.** 1622. Patagon fr. à Bruxelles. Ar. b.c.

2027   1631. *Ducaton* fr. en *piedfort (Double Ducaton)* fr. à Anvers.
       type de Witte III. pl. LXVI.1000. Ar. gr. 64. t.b.c.

2028   1636. *Ducaton* fr. en *piedfort* de Witte III, pl. LXVI, n. 1001.
       Ar. Gr. 65. Beau et rare.

2029   1637. *Demi Patagon ou pièce de 24 Sols* fr. à **Anvers**. Cpz. de
       Witte III pl. LXVII, 1008. Ar. t.b.c.

2030   — 1638. Ducaton. fr. à Bruxelles. Ar. t.b.c.

2031   — 1644. Double Souverain d'or fr. à Anvers. Son buste couronné
       à dr. de Witte III 996. Or. Beau.

2032   — 1647. Patagon fr. à Anvers. Ar. t.b.c.

2032   — 1648 Quadruple Ducaton fr. à Anvers PHIL . IIII . D . G .
       HISP . ET . INDIAR . REX . 16 ⁒ 48. Son buste à dr. Rev.
       ARCHID . AVST . DV — X . BVRG . BRAB . Zc. Cpz. de
       Witte III.1005. Ar. gr. 128. t.b.c. fort rare.

2033   — 1664. Ducaton fr. à Anvers. Ar. t.b.c.

2034   **Maestricht.** Denier. Buste de l'empereur **Frédéric I** à g. Rev.
       Clef dans un entourage. v. d. Chijs pl. XIX. Ar. b.c.

2035   — **St. Pierre.** Florin d'or, type florentin SANTH'—PETRI⁜
       grand lis. Rev. S IOH⁜ — NNESB . St. Jean Baptiste
       Or. t.b.c. Rare.

2036   **Reckheim. Ernest de Lynden.** 12 Sols. MO . NOVA—ARG—
       ORDINE—C . I E R Armoiries couronnées. Rev. NISI TV DOMINE
       NOBISCVMEPV. Double aigle couronnée. Ar. t.b.c. troué, fort rare.

2037   **Thorn. Marguérite de Bréderode.** *Angelot* SANCTVS ⁙ MICHAEL
       ⁙ ARCHANGEL ⁙ Le Saint Michael teressant le dragon. Rev.
       Vaisseau sur lequel les armoiries de Marguérite de Bréderode,
       M (arguèrite) B (rederode) MONETA ⁙ NOVA ⁙ AVREA ⁙
       THORENSIS. v. d. Chijs pl. XVII. n 7. Or. *Beau* et fort rare.

2038   **Flandre. Philippe le Hardi.** 1384—1404. *Double gros à l'aigle.*
       Cpz. Serrure 73. Ar. b.c.

2039 **Jean sans Peur.** 1404—09. *Double Gros.* Cpz. Serr. 84 Ar. b.c.

2040 **Philippe le Bon.** 1419—30. *Double Cromstaert* ✝ PH'S ⁊ DVX ⁊ BVRG ⁊ Z ⁊ COMES ⁊ FANDRIϽ Lion portant écu à 5 quasts. Rev. ✝ MONϽ — TA : ꟻOMI — TIS : FLA — NϽRIϽ. Grande croix patteé. cattonneé de : FLA . Ɔ' Cpz. Serr. n 94. Ar. Beau.

2041 — 1428—33. Cavalier d'or. Chevalier armé à cheval à dr. Or. t.b.c.

2042 **Philippe le Beau.** 1494—1506. *Double Sol.* Cpz. Serr. n 141. Ar. b.c.

2043 **Charles le Téméraire.** Florin d'or au St. André. KAROLV — S ⁞ DEI ⁞ — GRA ⁞ COFLANƆ . Or. t b.c. Rare.

2044 **Charles V.** Demi réal d'or KAROLVS — D : G . ROM — IMP . Z . HISP . REX. Or. t.b.c.

2045 **Philippe II.** 1567. Ecu à la croix de Bourgogne PHS . D' . G . HISP . Z . REX . COMES . FLAN. Ar. t.b.c.

2046 1582. Noble fr. par la ville de **Gand.** MO . — AVREA . REST-AVR . METROPOL . GAND — FLAND . Or. t.b.c. Rare.

2047 **Philippe IV.** 1662. Ecu à la croix de Bourgogne. Ar. a.b.c.

2048 **Namur. Gui de Dampiere.** 1263—1297. *Esterlin au lion* : C : CO — MϽS — FLA — ƆRG Rev. MAR — CHIO · N — AMVRC Cpz. Serrure n' 4 ; Chalon n' 53. Ar. Beau.

2049 Esterlin à tête Chalon 56. Ar. t.b.c.

2050 — Esterlin au lion. Chalon 53 Ar. t.b.c.

2051 — Demi Esterlin au lion. Chalon 54. Ar. t.b.c Rare.

2052 **Jean l'Aveugle.** Esterlin au châtel. Chalon 68. Esterlin aux quatre lions. Chalon 87. Ar. 2 ps.

2053 **Maximilien-Emanuel.** 1711—1714. *Demi-Escalin ou plaquette.* Chalon n' 268. Ar. t.b.c.

LIVRES NUMISMATIQUES.

2054 **Alkemade K. van.** De munten der Graaven van Holland. Delft 1700.

2055 **van der Chijs.** De munten der Heeren en Steden van Gelderland. avec planches Haarlem 1853 in 4°.

2056 — De munten der Graven en Hertogen van Gelderland. Haarlem 1852 in 4°. avec planches.

2057 — De munten der bisschoppen van de Heerlijkheid en de stad Utrecht. Haarlem 1859 in 4°.

2058 **Dewismes Adolphe.** Numismatique artésienne. Catalogue raisonné des monnaies du Comté d'Artois. Sain-Omer 1866.

2059 **Dugniolle.** Dr. J. F. Le jeton historique des dix-sept provinces des Pays—Bas 4 tomes (5 vol.) in 8o. Bruxelles 1877. Epuisé.

2060 **Groebe. D.** Beantwoording der prijsvraag over de munten en hetgeen daartoe betrekking heeft 1500—1621. Brussel 1835 in 4⁰.

2061 **Histoire** abregée des Provinces-Unies des Pays Bas où l'on voit. leurs conquêtes leur gouvernement etc ; enrichie d'un grand nombre de figures. — Amsterdam. Jean Malherbe. 1701.

2062 **Loon. G. van.** Aloude Hollandsche Historie opgehelderd met keyzer en koninglijke penningen. 's-Gravenh. 1734. 2 vol. fig. de médailles, vélin cordé, fol.

2063 -- Beschrijving van Nederlandsche Historiepenningen ten vervolge op het werk van G. van Loon 1—5 (1822—48) 6—10 (1861—67) 10 volumes.

2064 **Luckuis. J. J.** Sylloge numismatum elegantiarum. *Argentinae* 1620. Fol. vélin.

2065 **Mieris. Fr van.** Historie der Nederlandsche vorsten. La Haye 1732. 3 vol. in fol. donnant toutes les fig. des médailles. jetons et monnaies obsidionales du XV et de la prémière moitié du XVI. siècle.

2066 **Oudaans. Joachim.** Roomse Moogentheit, Leiden by Hendrik van Damme 1723. in 4⁰.

2067 **Pinkerton.** The Medaille History of England illustrated by forty plates. London 1802 avec bel eu-libris aux armoiries de H. Èdward Hailctome. in 4⁰. Superbe.
    Bon recueil de médailles historiques anglaises.

2068 **Raczynski.** Le comte **Ed.** Les médailles de Pologne 1513—1696. Bel ouvrage en Polonais et en français. 2 vol. in 4⁰.

2069 **Renesse Breidbach.** Mes Loisirs Amusemens Numismatiques. Anvers 1836. 3 vol grand in 8⁰.

2070 **Rochemont (G. L. de)** et **Bischoff (J.).** Afbeeldingen der oudere en nieuwere thans bestaande Ridderorden (50 planches coloriées). Amsterdam 1843. Grand in folio

2071 **Schotanus. C.** Beschrijvinghe van Friesland tusschen het Flie en de Lauwers. fol. veau avec cartes.

2072 — De geschiedenissen kerckelijk en wereldlijk van Friesland, av. des portraits. Franeker 1658. Fol. vélin.

2073 **Trésor de numismatique et de glyptique.** ou recueil général des médailles, monnaies, pierres gravées, bas-reliefs, etc. tant anciens que modernes, les plus intéressans sous le rapport de l'art et de l'histoire, gravé par les procedés de M Achille Collas. Paris. Rittner et Goupil, 1836—46. 7 vol. dem. mar. in fol.
    Indication des parties.
    1. Recueil général de bas-reliefs et d'ornements ou mélanges typoglyptiques 52 planches.
    2. Médailles françaises. depuis la règne de Charles VII, jusqu'à celui de Louis XVI. 56 pl.
    3. Médailles de la révolution française : depuis l'ouverture des Etats-Généraux (5 Mai 1789) jusqu'à la proclamation de l'Empire (18 Mai 1804). 72 pl.
    4. Sceaux des communes, communautés, évêques, abbés et barons. 37 pl.
    5. Choix historique des médailles des Papes, depuis le milieu du XVe siècle, jusqu'à nos jours. 44 pl.
    6. Iconographie des empereurs romains et de leurs familles 93 pl.
    7. Histoire par les monuments de l'art monétaire chez les modernes 48 pl.

2074 **Wichers. H. L.** Over de Groninger munten in 8⁰.

2075 *Caerte oft Lyste* de 1621 inhoudende den prys van elck Marck Once Enghelschen ende des Trops gewicht etc. Antwerpen Hieronymus Verdussen, avec 987 figures de monnaies in 4o. Rare.

2076 *Renovatie van 't Placcaet van de Munten* van den 21 July 1622. 's Gravenhage 1626 avec nombreuses figures de monnaies in 4o.

2077 Placcards sur les monnaies. La Haye, 1603, 1606, 1615, 1621, 1638 et 1641, y joint la pièce rare de 1586 par Leycester. Serie intéressante.

PIÈCES OMISES.

2078 1604. **Ostende** rendue aux Espagnols et prise de **Sluis Aardenburg** etc. par le prince Maurice. Médaille fr. par ordre des *Etats d'Utrecht* avec plan de la ville de Sluis. Rev. Plan d'Ostende. v. Loon II éd. holl. p. 15, n. 3. **Ar. Gr.** 52.5. Belle et rare.

2079 *Ducat* de **Hollande** et *demi pistolet* de **Wurttemberg.** Or. 2 ps.

2080 Lot de monnaies et médailles en argent, y joint monnaie d'Ulm en cuivre et de Java en plomb.